Inhalt

Stark sein fürs Leben

Warum Kinder Selbstbewusstsein brauchen

■ Starke Kinder, die von sich selbst überzeugt sind und ein positives Ich-Gefühl entwickelt haben, kommen im Leben besser zurecht. Sie wissen, wer sie sind, wo ihre Stärken liegen und was sie wollen. Sie können ihre Interessen benennen und sich für ihre Ziele, auch gegen den Widerstand anderer, einsetzen. Sie können Fehlschläge verkraften, verteidigen ihre Ideen und schauen mutig und zuversichtlich in die Zukunft. Selbstbewusste und selbstsichere Kinder vertrauen auf ihre Fähigkeiten, können „Nein" sagen und sind besser vor Manipulation oder Missbrauch geschützt. Sie lernen, Angst und Trauer auszuhalten und auch in schwierigen Situationen das Positive zu sehen. Selbstbewusste Kinder sind neugierig, lassen sich nicht abschrecken, kennen ihre Grenzen und vertreten ihre eigene Meinung. Weil sie sich selbst mögen, laufen sie nicht Gefahr, sich ständig mit anderen zu vergleichen. Es gelingt ihnen, echte Freunde zu erkennen und dauerhafte Freundschaften zu schließen. Selbstbewusste Kinder vertrauen auf ihr eigenes Gefühl und lassen sich nicht von anderen einreden, was sie tun und denken sollen.

Starke Kinder sind gewappnet

■ Die Welt außerhalb der Familie ist oft nicht kindgerecht. Durch die Medien werden viele Jungen und Mädchen viel zu früh mit Gewalt, Sex und Brutalität konfrontiert. Für Eltern wird es immer schwieriger, ihre Kinder vor diesen angsteinflößenden und bedrohlichen Eindrücken zu schützen, denn irgendwo läuft immer ein Fernseher oder ein Computer mit Internetzugang. Die Vielfalt der digitalen Neuerungen vollzieht sich in einem rasanten Tempo

Ein starker Rückhalt gibt Kindern Selbstvertrauen

Uta Reimann-Höhn

Stark – na klar!

Wie Kinder selbstbewusst und sicher werden

und Kinder müssen mit einer unüberschaubaren Flut von Informationen und Bildern fertig werden. Diese Reizüberflutung überfordert sie und die vielfältigen Einflüsse machen es Heranwachsenden schwer, ihren eigenen Weg zu gehen.

Viele Kinder wachsen heute in instabilen Familienverhältnissen auf. Eltern trennen sich und gehen neue Beziehungen ein, die Kinder müssen sich mit solchen Veränderungen arrangieren. Schon im Kindergarten treten erste Formen von Ausgrenzung auf, in der Schule herrscht oft ein belastender Leistungsdruck, und auch Prügeleien und Erpressungen sind leider keine Seltenheit mehr. Immer wieder lässt sich bereits bei Kindern Suchtverhalten beobachten, zum Beispiel die Sucht nach Essen oder Computerspielen. Wenn sie älter werden, kommen sie auch mit Alkohol, Zigaretten und Drogen in Berührung.

Hohe Anforderungen

■ Um dem zu widerstehen, brauchen Kinder enorme Abwehrkräfte und den besonderen Schutz von Erwachsenen. Denn sie müssen stark genug werden, um sich gegen Gruppenzwänge wehren zu können und den hohen Anforderungen der Leistungsgesellschaft gewachsen zu sein. Dies gelingt nur, wenn ihr Selbstvertrauen und Selbstwertgefühl gut entwickelt sind und bereits im Vorschulalter aufgebaut wurden. In unserer sich schnell wandelnden Welt ist es für Kinder wichtiger denn je, sich auf sich selbst, ihre Familie und Freunde

verlassen zu können. Nur dann sind sie dem Leben wirklich gewachsen und können auch große Herausforderungen und schwierige Situationen meistern.

Schutz vor Übergriffen

■ Das Wissen um die eigene Stärke und um die eigenen Grenzen schützt Kinder auch vor gefährlichen Situationen. Sexuelle Übergriffe und Missbrauch finden in den meisten Fällen im weiteren Familien- oder Bekanntenkreis statt. Es gehört viel Selbstbewusstsein dazu, sich als Kind gegen einen Erwachsenen, vielleicht einen guten Freund der Familie, durchzusetzen. Dabei geht es natürlich nicht um die körperliche Auseinandersetzung, sondern um das überzeugte „Nein, ich will nicht!". Es geht darum, schlechte Absichten zu erkennen, die Eltern zu informieren und sich Hilfe zu holen.

Das kann für Kinder sehr schwierig sein, lernen sie doch, Erwachsenen zu vertrauen und ihre Autorität anzuerkennen. Trotzdem sollen sie in zweifelhaften Situationen misstrauisch sein und sich den Anweisungen der Erwachsenen widersetzen. Es braucht Mut, um hier beherzt zu handeln und die Konsequenzen des eigenen Verhaltens in Kauf zu nehmen. Denn zu erkennen, welche Situation zu einem Übergriff führen kann, ist nicht immer einfach. Wie leicht kann hier eine Fehleinschätzung passieren, deren Folgen für das Kind unangenehm sein können. Nur starke Kinder schaffen es, trotz dieser Unsicherheiten auf ihr Gefühl zu vertrauen und entsprechend zu handeln. <<<

Nein zu sagen kostet manchmal viel Mut und Selbstvertrauen.

Nähe spüren, sich geborgen fühlen – die Basis für ein starkes Ich

Kinder brauchen Sicherheit

Grundlagen für ein gesundes Selbstbewusstsein

■ Kinder entwickeln sich zu selbstbewussten und seelisch stabilen Erwachsenen, wenn ihre emotionalen und sozialen Bedürfnisse befriedigt werden. Nur wenn sie sich sicher und geborgen fühlen, wächst ihr Vertrauen in sich und ihre Umgebung. Experimentierfreude, Mut und Lebensfreude kommen von selbst, wenn ein Kind sich angenommen und geliebt fühlt.

Die Basis für den Aufbau eines starken und gesunden Selbstbewusstseins schaffen die Eltern in den ersten Lebensjahren. Hier werden die Weichen dafür gestellt, wie ein Kind sich selbst im Vergleich zu anderen wahrnimmt. Diese Erfahrungen sind entscheidend für die Entstehung einer starken Persönlichkeit. Wenn Kinder Vernachlässigung, Abwertung, Beschämung oder körperliche Gewalt erfahren, verlieren sie rasch den Glauben an sich und ihren Wert. Nur eine liebevolle und authentische Beziehung zum Kind ermöglicht es diesem, sich gemäß seinen Anlagen und Talenten zu entwickeln. Damit das gelingt, brauchen Kinder fünf existenzielle Grundlagen.

1. Grundlage: Liebe, Bindung und Nähe

■ Kleine Kinder spüren die Liebe und Nähe ihrer Eltern am stärksten über Körperkontakt, gemeinsames Kuscheln und regelmäßige Streicheleinheiten. Je älter Kinder werden, desto eher können Eltern ihre Zuneigung auch in Worten und Gesprächen zum Ausdruck bringen. In schwierigen Situationen, zum Beispiel während einer Krankheit, wenn die Familie umzieht oder bei der Geburt eines Geschwisterkindes, wird deutlich, wie wichtig Berührungen sind. Auch ältere Kinder fordern dann wieder mehr Körperkontakt ein, um die Situation meistern zu können.

Tipp: Erzwingen Sie niemals Körperkontakt und halten Sie Ihr Kind nicht länger im Arm, als es möchte. Weisen Sie Ihr Kind aber auch nicht zurück, wenn es selbst den Kontakt sucht.

2. Grundlage: Verlässlichkeit und emotionale Sicherheit

■ Das Gefühl von Geborgenheit und Sicherheit entsteht, wenn Kinder stabile Beziehungen erleben. Aber auch, wenn ihr Alltag weitgehend vorhersehbar ist und nicht permanent Überraschungen bereithält. Diese Verlässlichkeit wird in vielen Familien durch Rituale geschaffen. Rituale vermitteln durch ihren immer wiederkehrenden gleichen Ablauf, dass das Leben planbar ist und die Herausforderungen zu bewältigen sind. Feste Gewohnheiten wie zum Beispiel das tägliche Vorlesen vor dem Schlafengehen schaffen Vertrautheit und sorgen dafür, dass Kinder sich behütet fühlen.

Tipp: Vermitteln Sie Ihrem Kind bei jedem Streit, dass Sie es nicht als Person ablehnen, sondern lediglich sein Verhalten kritisieren. Zeigen Sie ihm, dass sie es auch lieben, wenn sie unterschiedlicher Meinung sind. So lernt Ihr Kind sich abzugrenzen.

3. Grundlage: Zeit und Aufmerksamkeit

■ Eltern wissen heute wohl am besten, wie kostbar und wertvoll gemeinsame Zeit ist − und wie knapp bemessen. Der Alltag moderner Familien ist häufig bis ins Detail durchgeplant und gemeinsame Unternehmungen müssen nach den Anforderungen von Beruf, Kindergarten und Schule ausgerichtet werden. Da bleibt das familiäre Miteinander oft auf der Strecke. Doch um Selbstbewusstsein entwickeln zu können, müssen Kinder gesehen und gehört werden. Sie brauchen den Austausch mit ihren Eltern, aber auch die Auseinandersetzung, die Reibung, das Lob, regelmäßige Rückmeldungen und Zuwendung.

Tipp: Planen Sie jeden Tag eine gemeinsame Zeit mit der gesamten Familie ein, vielleicht das gemeinsame Frühstück oder Abendessen. Hier ist Gelegenheit, Dinge zu besprechen und sich auszutauschen.

Das Wertvollste, was Sie Ihrem Kind schenken können, ist gemeinsame Zeit.

4. Grundlage: Orientierung durch Regeln und Werte

Geben Sie Ihrem Kind jeden Tag das sichere Gefühl, mit allen seinen Stärken und Schwächen angenommen zu sein.

■ Kinder kommen ohne moralische Wertvorstellungen auf die Welt. Die Regeln der Gesellschaft, in die sie hineingeboren werden, müssen sie erst Schritt für Schritt erlernen. Wie das soziale Miteinander funktioniert, erfahren Kinder von ihren Eltern. Diese vermitteln Regeln, Verbote und Gebote durch ihr eigenes Handeln und durch Gespräche. Erst wenn ein Kind die Regeln und Werte einer Gesellschaft kennt, kann es sich sicher in ihr bewegen und selbstbewusst auftreten.

Tipp: Leben Sie Ihrem Kind Werte vor – so lernt es diese am besten. Helfen Sie zum Beispiel der Nachbarin, die schweren Einkaufstüten die Treppe hochzutragen, und erklären Sie Ihrem Kind, warum Sie das tun.

5. Grundlage: Respekt, Anerkennung, Wertschätzung

■ Um sich selbst zu mögen, muss ein Kind auch von anderen gemocht werden, in erster Linie von seinen Eltern. Diese sollten seine Stärken und Fähigkeiten ebenso sehen wie seine Schwächen. Nur dann kann es sich zu einem gesunden Menschen mit einem stabilen Selbstbewusstsein entwickeln. Wichtig ist, dass Eltern ihr Kind bedingungslos annehmen – so, wie es ist. Das bedeutet nicht, dass Eltern unerwünsch-

tes Verhalten nicht kritisieren dürfen, ihre Kritik sollte jedoch niemals auf das Kind als ganze Person zielen.

Tipp: Seien Sie gemeinsam kreativ und malen Sie alle zusammen Ihre Familie auf ein Plakat. Das Bild kann in einem Rahmen den Flur, das Wohnzimmer oder die Küche verschönern. Es signalisiert Zusammengehörigkeit.

Eltern müssen nicht perfekt sein

■ Ebenso wie Kinder Stärken und Schwächen haben, sind auch Eltern niemals perfekt. Wahrscheinlich machen auch Sie in der Erziehung Fehler, verlieren mal die Nerven, machen unberechtigte Vorwürfe oder sind genervt und ungerecht. Dadurch wird das Selbstbewusstsein Ihres Kindes aber noch nicht zerstört. Fehler in der Erziehung sind vollkommen normal und haben noch keinem Kind geschadet. Erst dauerhafte, lang anhaltende Abwertung, Zurückweisung oder Gefühlskälte verletzen Kinder nachhaltig. Wichtig ist, dass Eltern sich ihres Verhaltens bewusst sind, ihre Fehler zugeben können und daraus lernen wollen. Kinder können (und wollen) ihren Eltern alles verzeihen, denn sie sind auf ihre Fürsorge und Liebe angewiesen.

Zeigen Sie Ihre Zuneigung

■ Kinder brauchen Liebe und Zuwendung, um seelisch stabil zu sein. Dabei reicht es nicht, dass Sie wissen, wie sehr Sie Ihr Kind lieben, Sie müssen es ihm auch *zeigen*. Und zwar jeden Tag

Positiv formulieren

Auf das „Wie" kommt es an: Kinder sind viel eher bereit, ihr Verhalten zu ändern, wenn Eltern ihre Anliegen positiv formulieren:

negativ	positiv
Nie sitzt du mal ruhig am Tisch, immer wirfst du was um.	Ich glaube, dass du es morgen schaffst, länger ruhig am Tisch zu sitzen und nichts umzuwerfen.
Das Auto bekommst du nicht, du machst es ja sowieso gleich wieder kaputt.	Hast du eine Idee, wo wir das neue Auto aufbewahren können, ohne dass es gleich kaputt geht?
Ich kann dich nicht leiden, wenn du so anstrengend bist und deinen Dickkopf durchsetzen willst.	Der Streit war für uns beide anstrengend, was können wir denn beim nächsten Mal besser machen?

Die Macht der Worte: Mit positiven Formulierungen kommen Eltern eher ans Ziel.

aufs Neue, auch wenn Ihr Kind älter wird und Sie sich vielleicht öfter über sein Verhalten ärgern. Babys werden rund um die Uhr gestreichelt, getragen und geküsst, denn ihr Aktionsradius ist noch sehr eingeschränkt. Je älter ein Kind wird, desto mehr möchte es seinen eigenen Willen durchsetzen, ständiger Körperkontakt ist dann nicht mehr erwünscht. Ein heranwachsendes Kind schwankt ständig zwischen Trennungsangst und Abenteuerlust, das ist aufreibend und kann die Nerven aller stark strapazieren.

Wenn Ihr Kind mal wieder einen heftigen Trotzanfall hatte, ist es nicht immer einfach, den Stress und Ärger abzustreifen und das erschöpfte Energiebündel liebevoll in den Arm zu nehmen. Es ist völlig in Ordnung, in schwierigen Situationen wütend auf das eigene Kind zu sein und ihm dies auch zu zeigen. Wenn die Auseinandersetzung vorbei ist, sollten Sie aber unbedingt wieder einlenken und Ihrem Kind zeigen, dass es Ihre Liebe durch sein Verhalten nicht verloren hat. So stärken Sie das Vertrauen Ihres Kindes und helfen ihm dabei, aus Konflikten zu lernen, ohne dabei Angst zu haben, Ihre Zuwendung zu verlieren.

Grenzen setzen, ohne zu verletzen

■ Kinder und Eltern sprechen nicht immer die gleiche Sprache und haben nicht dieselben Erwartungen. Sie leben in zwei unterschiedlichen Wahrnehmungswelten und haben manchmal Schwierigkeiten, einander zu verstehen. Vieles wäre leichter, wenn Erwachsene ihre Vorstellungen ganz deutlich ausdrücken würden. Anstatt

kündigte Konsequenz nicht als einen Angriff auf sein Selbstwertgefühl, sondern kann die Reaktion der Eltern nachvollziehen.

Sicher kennen Sie Situationen, in denen Sie sich zum Beispiel in Ruhe mit einer Freundin unterhalten möchten. Ihr Kind muss lernen, solche Wünsche zu akzeptieren, ohne sich gekränkt und ausgegrenzt zu fühlen. Am besten gelingt das, wenn Sie Ihrem Kind klare Botschaften senden und auch seine Bedürfnisse berücksichtigen. „Ich möchte mich jetzt in Ruhe unterhalten, bis wir unseren Tee ausgetrunken haben. Danach spielen wir wieder etwas zusammen. Du kannst so lange mit deinen Autos spielen."

Konsequent sein und Verabredungen einhalten

■ Natürlich wird Ihr Kind zunächst versuchen, diese Vereinbarung zu umgehen und weiter stören. Bleiben Sie dann unbedingt konsequent und unterhalten Sie sich weiter mit Ihrer Freundin, auch wenn Ihr Kind dies zu verhindern versucht. Gehen Sie auf seine Störversuche nicht ein, sondern betonen Sie höchstens immer wieder, dass Ihr Kind noch warten muss. Ist die Zeit abgelaufen, müssen Sie natürlich Ihre Vereinbarung einhalten und etwas mit ihm spielen. Ihr Kind fühlt sich eingebunden und angenommen und lernt mit der Zeit zu akzeptieren, dass es nicht immer im Mittelpunkt der Aufmerksamkeit steht.

Kritisieren Sie in Konflikten nie Ihr Kind, sondern nur sein Verhalten.

ein ungeduldiges und quengelndes Kind am Esstisch immer wieder zu „gutem" Benehmen aufzufordern, ist es besser, dieses „gute" Benehmen genau zu benennen: „Leg jetzt die Spielfigur zu Seite, bleib auf deinem Stuhl sitzen und iss mit dem Löffel, bis du satt bist. Danach kannst du aufstehen und im Kinderzimmer spielen, solange wir noch nicht fertig sind." Natürlich sind die Regeln für die gemeinsamen Mahlzeiten in jeder Familie anders. Das ist auch kein Problem, solange Ihr Kind weiß, was Sie von ihm erwarten. Nur so kann es die Situation richtig einschätzen und entscheiden, wie es sich verhält. Hält es sich nicht an die Regeln, versteht es eine vorher ange-

Zeigen Sie ihm gleichzeitig auch, was es besser machen kann. „Ich verstehe deinen Zorn, aber vielleicht finden wir einen andern Weg, das Problem zu lösen. Hast du eine Idee?" Auseinandersetzungen zwischen Kindern und Eltern sind unverzichtbar für die Entwicklung einer eigenständigen Persönlichkeit. Denn letztlich geht es in der Erziehung immer darum, das Kind auf seinem Weg vom abhängigen Säugling zu einem selbstständigen Menschen zu begleiten. Das beinhaltet in nahezu allen Lebensphasen auch Ablösungskämpfe, die aber keinen Liebesentzug nach sich ziehen dürfen. Tun sie es doch, verliert das Kind den Glauben an sich selbst. <<<

Positive Erlebnisse festhalten

Beschließen Sie jede Auseinandersetzung und jeden Tag positiv, egal was vorgefallen ist. Nutzen Sie die gemeinsame Zeit vor dem Schlafengehen und sprechen Sie mit Ihrem Kind jeden Abend über die Ereignisse des Tages. Vielleicht legen Sie sogar ein Tagebuch an, in dem die aufregendsten Erlebnisse kurz festgehalten werden. Diese kann Ihr Kind auch illustrieren. Gerät es später in ähnliche Situationen, zum Beispiel in einen heftigen Streit mit der besten Freundin, kann es sich daran erinnern, wie es in der Vergangenheit Konflikte gelöst hat.

Kindergartenkinder können mit der Versöhnung nicht lange warten, ihre Gefühlswelt ist noch impulsiv und direkt. In der einen Minute können sie schreiend auf der Erde liegen und ein Eis verlangen, in der nächsten die vorbeikommende Katze streicheln. Lassen Sie nach einer Auseinandersetzung nicht zu viel Zeit vergehen, bis Sie Ihr Kind wieder liebevoll in den Arm nehmen und eventuell über den Vorfall sprechen. So geben Sie ihm Halt und Sicherheit.

Schüchterne Kinder brauchen besonders viel Zuspruch

Kognitive und emotionale Intelligenz fördern

So werden Kinder offen für die Welt

Robin (4) geht das erste Mal zusammen mit seinen Großeltern ins Theater. Ängstlich umklammert er die Hand seines Opas, denn er weiß nicht, was ihn erwartet. Vor jedem neuen Vorhang lässt er sich ganz genau erklären, was auf der Bühne passiert. Erst dann kann er der weiteren Vorstellung in Ruhe folgen. Wie gut, dass sein Opa ein sehr geduldiger Mensch ist und jede Frage ausführlich beantwortet. Als sich die beiden einige Wochen später ein weiteres Theaterstück ansehen, ist Robin viel sicherer. Da er nun weiß, was ihn erwartet, hat er viel weniger Angst. Das Wissen hat ihn selbstbewusst gemacht.

■ Um sich sicher zu fühlen, muss ein Kind fragen dürfen und sich mitteilen können. Was für Erwachsene selbstverständlich ist, ist für Kinder oft noch Neuland. Mit ihrer Neugier, ihrem Forschergeist und ihren nicht enden wollenden Fragen bahnen sie sich einen Weg durch den Dschungel einer unbekannten Welt. Dabei erfahren sie viel über die Menschen und die Dinge, die sie umgeben, und lernen auch, was erlaubt und was verboten, was erwünscht und was tabu ist. Je mehr Kinder wissen, desto sicherer können sie sich in ihrer Umwelt bewegen.

Wissen macht stark

■ Auf keinen Fall sollten Sie Ihrem Kind vermitteln, dass seine Fragen unerwünscht, störend oder dumm sind. Solche negativen Reaktionen führen dazu, dass Ihr Kind sich nicht mehr traut, Fragen zu stellen, auch nicht bei anderen Menschen. Es fühlt sich als Person abgelehnt und möchte seine Sympathien nicht verspielen. Also hält es lieber den Mund, um nicht zurückgewiesen zu werden. Sein Selbstbewusstsein leidet und es verpasst dadurch viele Gelegenheiten, seinen

Erfahrungsschatz und sein Wissen zu erweitern. Warum fällt der Vogel nicht vom Himmel? Wann schlafen Bäume? Wachsen Steine? Das sind wichtige Fragen für einen kleinen Forscher, denen er später, vielleicht als Biologe, intensiver nachgehen wird.

Je mehr Kinder fragen, desto eher sind sie dazu in der Lage, eigene Antworten zu finden. Machen Sie es Ihrem Kind nicht zu leicht, ein wenig selber Denken darf schon sein. Die Antworten, die einem Kind auf seine Fragen einfallen, sind oft spektakulär einfach und überzeugend logisch. Erhält es für seine Ideen und Vorschläge Anerkennung, wächst sein Vertrauen in seine Fähigkeiten nahezu von selbst. Eigene Lösungen zu finden, ist für Ihr Kind eine wichtige Erfahrung, die Lust macht auf mehr. Je öfter Ihr Kind durch sein Fragen Erfolgserlebnisse hat,

desto häufiger wird es diese Form der Kommunikation nutzen, um sich weiterzuentwickeln. Selbst Antworten zu finden und Zusammenhänge zu erkennen, macht stark und neugierig auf die Geheimnisse der Welt.

Kinder brauchen Gesprächspartner

■ Wer sich traut, Fragen zu stellen, nimmt damit Kontakt mit seiner Umwelt auf. Ein fragendes Kind offenbart seine Unsicherheit, seine Unwissenheit und manchmal auch seine Angst. Es trägt seine Gefühle nach außen und bittet andere um Unterstützung. Ein Kind stellt seine Fragen nicht irgendjemanden, sondern überlegt genau, wem es sein Vertrauen schenkt. Fühlen Sie sich geschmeichelt, wenn Ihr Kind Sie zu seiner Vertrauensperson macht.

Kinder entdecken die Welt – nach eigenen Antworten zu suchen gehört dazu.

Freundschaften machen Kinder stark

Und scheuen Sie sich nicht, ab und zu Ihr Unwissen zuzugeben. Für Ihr Kind ist es nicht wichtig, dass Sie auf alles eine Antwort parat haben, sondern dass Sie ehrlich und geduldig auf seine Fragen eingehen. Wenn Fünfjährige wissen wollen, wohin ein Luftballon fliegt, oder wenn Siebenjährige sich über den Tod Gedanken machen, kann die Erklärung schon mal einige Zeit in Anspruch nehmen. Versuchen Sie herauszubekommen, warum Ihr Kind bestimmte Fragen stellt. Vielleicht steckt eine ernste Sorge dahinter. Kinder brauchen Erwachsene, die ihnen dabei helfen, Gefühle zu verstehen und mit ihnen umzugehen. Die Gewissheit, mit seinen Fragen gut aufgehoben zu sein, gibt Ihrem Kind Kraft und Sicherheit.

Gefühle erkennen und verstehen

■ Nicht nur die kognitive Intelligenz und das körperliche Leistungsvermögen von Kindern, sondern ganz stark auch ihr Umgang mit eigenen und fremden Gefühlen, beeinflusst ihre Entwicklung. Diese emotionale Intelligenz hilft uns in vielen Lebensbereichen, nicht nur bei der Bewältigung der eigenen Gefühlswelt. Erkenntnisse aus der Hirnforschung bestätigen, dass unsere emotionalen Kompetenzen die Basis dafür sind, dass wir unsere kognitiven und intellektuellen Möglichkeiten voll ausschöpfen können. Wer also keinen Zugang zu seinen Gefühlen hat, kann sein Potenzial in vielerlei Hinsicht nicht optimal entfalten. So ist beispielsweise belegt, dass Kinder, die in frühen Jahren vernachlässigt wurden, häufiger schulische Probleme haben. Aber auch die Art und Weise, wie wir mit Konflikten umgehen oder Freundschaften schließen, wird von der emotionalen Intelligenz beeinflusst.

Eigene und fremde Gefühle sind wichtig

■ Emotionale Intelligenz entwickelt sich im Umgang mit anderen Menschen und betrifft die Wahrnehmung der eigenen und fremder Gefühle. Emotional intelligent sein heißt:

- die eigenen Gefühle erkennen, benennen und ausdrücken können
- mit seinen Gefühlen angemessen umgehen können
- die Gefühle anderer erkennen, einordnen und verstehen können
- eigene und fremde Bedürfnisse erkennen
- Einfühlungsvermögen und Rücksichtnahme entwickeln
- Respekt vor den Gefühlen und Bedürfnissen anderer entwickeln.

Kinder, die emotional intelligent sind, haben weniger Probleme in sozialen Beziehungen. Sie können das Verhalten anderer Kinder besser „lesen" und angemessen darauf reagieren. Das hilft ihnen besonders bei Auseinandersetzungen und Meinungsverschiedenheiten.

Emotional intelligente Kinder können auch ihre kognitiven Fähigkeiten besser nutzen.

Mit Rollenspielen zur Selbsterkenntnis

■ Kinder lernen von ihren Eltern, welche Gefühle es gibt und wie sie mit ihnen umgehen können. Dass Freude und Glück, Trauer und Wut, Angst und Ungeduld zum Leben dazugehören, erfahren sie Schritt für Schritt. Das braucht Übung. Mit den folgenden Spielen helfen Sie Ihrem Kind, emotionale Intelligenz zu entwickeln.

1. Gehen Sie in die Tiefe

Fördern Sie die Selbstwahrnehmung Ihres Kindes, indem Sie seine Äußerungen hinterfragen. Schimpft es beispielsweise über einen Kindergartenfreund: „Der Lukas ist doof!", können Sie nachhaken: „Du bist ja anscheinend ganz schön wütend auf den Lukas? Was hat er denn gemacht?" So wird Ihr Kind dazu angehalten, seine eigene Gefühlslage zu überdenken. Es überlegt, welche Erlebnisse oder Empfindungen sich in ihm abspielen, wenn es über den Freund spricht.

2. Gefühle malen lassen

Gefühle sind abstrakt, aber trotzdem können Kinder sie malen. Fordern Sie Ihr Kind in einer emotionsgeladenen Situation auf, das entsprechende Gefühl zu malen. Wie sieht Freude aus? Welche Farbe hat Ärger? Der Fantasie Ihres Kindes sind dabei keine Grenzen gesetzt. Ob es Filzstifte, Wasserfarben, Fingerfarben und Papier, Pappe oder Leinwand nutzt, ist egal. Allerdings sollten Sie gemeinsam über das Bild sprechen, wenn es fertig ist.

3. Das mag ich an dir

Nutzen Sie ruhige Momente, das gemeinsame Essen oder die stille Zeit vor dem Schlafengehen dazu, sich gegenseitig jeweils drei positive Eigenschaften zu sagen. So lernt Ihr Kind einerseits, seine positiven Gefühle in Worte zu fassen, andererseits fühlt es sich von Ihnen anerkannt und wertgeschätzt.

4. Gefühle raten

Anstatt Berufe oder Personen können Sie mit Ihrem Kind auch einmal Gefühle raten spielen. Einer denkt sich ein Gefühl aus und versucht es den anderen vorzuspielen. Leichter wird es, wenn Sie vorher eine Reihe von Empfindungen festlegen. Diese können auf Kärtchen geschrieben oder gemalt werden. Nun zieht ein Mitspieler eine der Karten und spielt den anderen genau dieses Gefühl vor. Wer richtig rät, ist als nächster an der Reihe.

Nehmen Sie die Gefühle Ihres Kindes an und ermuntern Sie es immer wieder, über sie zu sprechen.

Mut zu den eigenen Gefühlen

■ Viele Eltern verbergen Ihre Gefühle, weil sie ihre Kinder nicht verunsichern oder überfordern möchten. Das Gegenteil ist aber oft die Folge: Kinder spüren schnell, wenn etwas nicht in Ordnung ist. Dann ist es besser, sie aufzuklären, als sie mit der Ungewissheit allein zu lassen. Erzählen Sie Ihrem Kind, wenn Sie etwas traurig oder wütend macht, und erklären Sie ihm auch den Grund. Teilen Sie ihm aber auch mit, wenn das Problem gelöst ist und Sie sich wieder glücklich und zufrieden fühlen. Kinder können viel aushalten, wenn ihr Grundvertrauen nicht gestört wird. Eine weinende Mutter, die den Grund ihrer Trauer verschweigt, macht einem Kind viel mehr Angst als das Wissen, dass etwas Trauriges geschehen ist. Auch Wut ist leichter auszuhalten, wenn Kinder die Ursache dafür kennen.

Benjamins (6) Mutter ist schlecht gelaunt, weil sich eine Erkältung ankündigt und sie noch so viel erledigen muss. Sie fühlt sich überfordert und hat keine Geduld für die Fragen ihres Kindes. Anstatt Benjamin kurz angebunden in sein Zimmer zu schicken, nimmt sie sich die Zeit, ihre Situation zu erklären. Benjamin bekommt so die Chance, das Verhalten seiner Mutter zu verstehen. Wüsste er nicht, wie es ihr gerade geht, würde er den Grund für ihre ablehnende Haltung schnell bei sich suchen. <<<

Ich weiß, was ich kann! Kinder vertrauen auf ihr Gefühl

Kindern Halt und Orientierung geben

Grenzen setzen und klare Regeln aufstellen

■ Kinder möchten ihre Eindrücke und Erkenntnisse nicht für sich behalten, sondern sie anderen mitteilen. Wenn sie dann ihr neues Wissen anwenden, erwarten sie Lob und Anerkennung. Bekommen sie diese positiven Rückmeldungen nicht oder treffen sie stets auf Ungeduld und Zeitmangel, verlieren sie nach und nach ihren Wissensdurst. Nehmen Sie sich deshalb ausreichend Zeit für den Austausch mit Ihrem Kind. Und versuchen Sie nachzuvollziehen, wie neue Informationen bei Ihrem Kind ankommen, damit Sie überprüfen können, ob es sie auch verstanden hat.

„Wofür ist das Tiefkühlfach?" will Tim (4) von seiner Mutter wissen. Als er erfährt, dass sich darin Lebensmittel länger halten, ist er sehr stolz auf sein neues Wissen. Nach dem nächsten Einkauf packt Tim so viel wie möglich ins Tiefkühlfach hinein. Seine Mutter ist ganz schön erstaunt, als sie die Marmelade, die Milch und den Zucker nach langem Suchen endlich dort findet. Kein Grund zum Schimpfen, denn Tim hat nur versucht, sein neu erworbenes Wissen sinnvoll anzuwenden.

Sobald ein Kind verstanden hat, warum es bestimmte Dinge tun oder lassen soll, wird es Ihre Anweisungen eher befolgen. Anstatt zu befehlen, „Du schnallst dich im Auto an, sonst wer-de ich sauer!", sollten Sie Ihrem Kind lieber die Erklärung mitliefern: „Du musst dich beim Autofahren unbedingt anschnallen. Wenn wir in einen Unfall geraten, kannst du dir sonst sehr wehtun." Wenn Ihr Kind eine Vorstellung davon bekommt, warum es sich

Kinder wollen Erklärungen. Versuchen Sie stets, Ihre Reaktionen verständlich zu machen.

anschnallen soll, fällt es ihm leichter zu kooperieren. Es wird dann nämlich nicht herumkommandiert, sondern in seinem Verantwortungsgefühl angesprochen.

Grenzen geben Orientierung und Sicherheit

■ Kinder brauchen Grenzen und feste Regeln, damit sie sich im Alltag sicher bewegen können. Stellen Sie sich vor, sie sollen in einem fremden Land die Verkehrsregeln beachten, können jedoch die Schilder nicht lesen. Prompt machen Sie einen Fehler nach dem anderen und Ihr Selbstbewusstsein fällt ins Bodenlose. Ebenso kann es Ihrem Kind gehen, wenn es nicht genau weiß, was verboten und erlaubt ist. Je jünger ein Kind ist, desto mehr ist es auf eine klare Orientierung angewiesen: „Was darf ich eigentlich im Fernsehen gucken?", „Ist Fußballspielen im Wohnzimmer erlaubt?", „Um wie viel

Klare Botschaften

Kinder können mit konkreten Anweisungen gut umgehen, unklare Hinweise hingegen bergen viel Potenzial, etwas falsch zu machen.
Unklar: „Du siehst beim Essen immer so schmuddelig aus."
Klar: „Bitte wasch dir vor dem Essen die Hände."
Unklar: „Heute Abend gehst du aber früher ins Bett als gestern."
Klar: „Nach dem Zähneputzen darfst du noch zehn Minuten spielen, dann wird das Licht ausgemacht."

Uhr muss ich ins Bett?" Eine Regel zu kennen, gibt Ihrem Kind Sicherheit. Es kann (und wird) sich dann trotzdem von Mal zu Mal entscheiden, ob es sich an die Regel hält oder nicht. Solche „Machtspiele" gehören zur kindlichen Entwicklung dazu und Ihr Kind wird lernen, die Konsequenzen eines Regelverstoßes selbst zu tragen.

Kinder brauchen aber auch Freiräume

■ Ebenso wie klare Regeln brauchen Kinder Freiräume, innerhalb derer sie sich entfalten können. So können Durchsetzungsvermögen und der Glaube an die eigenen Fähigkeiten wachsen – zwei wichtige Grundlagen für den Aufbau eines gesunden Selbstbewusstseins. Am besten gelingt dies, wenn Kinder sich und ihre Grenzen austesten können. Dazu brauchen sie Herausforderungen, an denen sie wachsen.
Tipp: Legen Sie ein Erlebnisbuch an, in dem alles aufgemalt oder aufgeschrieben wird, was Ihr Kind zum ersten Mal gemacht hat. Mit der Zeit entsteht so ein eindrucksvolles Bild der Erlebnisse und Fähigkeiten Ihres Kindes.

Kinderkurse verdrängen das freie Spiel

■ Leider ist der Aktionsradius von Kindern heute sehr eng und stundenlanges, selbstbestimmtes Spielen ist oft nicht mehr möglich. An seine Stelle sind gezielte und durchgeplante Freizeitaktivitäten getreten, die sich negativ auf die Entwicklung der Selbstständigkeit auswirken. Angebote wie Kinderturnen, Frühenglisch oder Ballett finden unter der Aufsicht von Trainern statt und fördern bestimmte Fähigkeiten, bringen Kinder aber nicht an ihre individuellen Grenzen. Wenn schon Kindergartenkinder von einem Kurs zum anderen hetzen, wird ihnen die Möglichkeit genommen, ihre Persönlichkeit im unkontrollierten Spiel zu entwickeln. Sie entscheiden nicht selbst, was sie spielen möchten, und haben kaum noch Gelegenheit zu träumen, in Büchern zu blättern oder Fantasiewelten zu bauen. Auch die frei verfügbare Zeit für die so wichtigen Rollenspiele wird in vielen Kinderzimmern knapp.

Tipp: Verschaffen Sie Ihrem Kind – allen Anforderungen und Angeboten zum Trotz – unbedingt freie, unverplante Zeit. Auch für Spaziergänge, Ausflüge und Besuche von Kinderspielplätzen sollte genügend Freiraum sein. Ebenso sind Phasen von Langeweile für die Entwicklung wichtig, denn in dieser Zeit entdecken Kinder oft neue Interessen oder werden kreativ.<<<

Die Bedeutung des selbstbestimmten Spiels ist nicht zu unterschätzen.

Abenteuer Sandkasten: freies Spiel stärkt die Persönlichkeit

Ein ehrliches Lob gibt Kindern Auftrieb

Anerkennung macht selbstbewusst

Nur echtes Lob ist wirkungsvoll

Mit Lob und Anerkennung zeigen Sie Ihrem Kind, wie sehr Sie es wertschätzen.

■ Ernst gemeinter Zuspruch ist Nahrung für unsere Seele. Liebevoller Körperkontakt ist eine Art, Ihrem Kind Wertschätzung zu zeigen, Sprache ist die andere. Schon früh reagieren Säuglinge auf den Tonfall von Stimmen. Sie können rasch erkennen, ob dahinter Lob oder Kritik stecken. Je mehr ein Kind versteht, desto eher erfasst es neben der Stimmung auch den Inhalt des Gesprochenen. Es weiß dann nicht nur, dass es gerade etwas falsch gemacht hat, sondern auch was. Ebenso versteht es, was ihm gut gelungen ist.

Heute schon gelobt?

■ Im turbulenten Erziehungsalltag mit Kindern nimmt Kritik schnell überhand. Eltern neigen dazu, mehr auf störendes Verhalten zu reagieren und positives Verhalten dagegen nicht oder nur kaum zu kommentieren. Dabei ist gerade das enorm wichtig, denn so können Kinder klar und deutlich erkennen, was von ihnen erwartet wird. „Super, dass du deine Jacke gleich an den Haken gehängt hast!" oder „Prima, wie gut du dir schon alleine die Zähne putzen kannst" – solche konkreten Sätze schenken Ihrem Kind Anerkennung, machen es glücklich und stolz. Ihr Kind wird versuchen, auch in Zukunft solch ein Lob zu erhalten, indem es das erwünschte Verhalten wiederholt.

Natürlich muss ein Lob immer echt sein, sonst ist es unglaubwürdig und wirkt nicht. Es sollte sich auf das Verhalten Ihres Kindes beziehen, da es dieses beeinflussen kann. Komplimente wie „Wie schön, dass du dir heute Morgen deine Haare ganz alleine ge-

kämmt hast" erkennen ein positives Verhalten an, das sich wiederholen lässt. So weiß ein Kind genau, was von ihm erwartet wird und wie es auch zukünftig Anerkennung erhalten kann. Kinder möchten ihren Eltern gefallen und sind ständig auf der Suche nach deren Wertschätzung. Ein positives Wort zum richtigen Zeitpunkt kann dem kindlichen Selbstbewusstsein großen Auftrieb geben. Eine gelöste Aufgabe entfaltet erst durch die Rückmeldung anderer die größte Wirkung. Wenn sich Ihr Kind für eine Sache richtig angestrengt hat, gibt es keine schönere Belohnung als ein Lob der Eltern. Die ersten eigenen Schritte, die ersten Worte, endlich alleine Radfahren oder mit Papa auf der Wiese ein Tor schießen – was wären solche Momente, wenn nicht jemand sagen würde: „Das hast du wirklich toll gemacht!"

Lob ist nicht gleich Lob

Nicht jedes Lob erfüllt seinen Zweck, denn manchmal verstecken sich Vorwürfe, Zweifel oder Unzufriedenheit hinter den vordergründig positiven Worten, die aber ihre Wirkung verfehlen. Denn Kinder merken schnell, ob ein Lob ehrlich gemeint ist oder nur so dahergesagt. Sie wissen, wie ihre Leistung war, ob sie sich wirklich angestrengt haben oder mit den netten Worten nur zufriedengestellt werden. Ein Lob sollte:

- ehrlich gemeint sein
- zeitnah ausgesprochen werden
- vom Kind auch angenommen werden (Nachfragen muss möglich sein)
- präzise sein („du warst schneller als gestern" ist konkreter als „gut gemacht")

Lob lässt sich auch gezielt einsetzen

■ Lob und Anerkennung sind aber auch positive Formen der Verhaltenskorrektur, denn gelobtes Verhalten wird wiederholt. Wenn Sie eine bestimmte Gewohnheit Ihres Kindes ändern möchten, können Sie es durch ein Lob geschickt darauf hinweisen: „Super, wie schnell du heute morgen deine Schuhe angezogen hast. Ich wusste gar nicht, dass du das schon so gut kannst." Jedes Kind hört so etwas gerne und richtet sich nach dieser sanften Weisung. Es möchte gefallen und auch weiterhin solche „verbalen Streicheleinheiten" bekommen.

Lob macht Lust auf mehr – das können Eltern bewusst einsetzen.

Die Kunst des Lobens

■ So einfach, wie es klingt, ist das Loben also gar nicht. Zu viel Lob führt dazu, dass ein Kind sich überschätzt, unehrliches Lob bewirkt rein gar nichts und ein unklares Lob wird vom Kind womöglich gar nicht oder falsch verstanden. Zunächst kommt es darauf an, lobenswerte Situationen aufzuspüren und nicht zu übersehen. Dann muss das Lob deutlich, klar und ohne Wenn und Aber vermittelt werden. Nur so drückt es eine ehrliche Wertschätzung aus und hat positive Auswirkungen auf das Selbstbewusstsein des Kindes.

Die vierjährige Johanna hat nach dem Spielen zum ersten Mal ihr Puzzle unaufgefordert selbst wieder eingepackt und nicht im Kinderzimmer liegen lassen. Ihr Vater freut sich darüber und sagt: „Mensch Johanna, das hast du ja echt klasse gemacht. Alle Teile sind in der Schachtel, ohne dass dich jemand daran erinnert hat. Ich bin stolz dich!"

Johanna freut sich über dieses ehrliche und verdiente Lob ihres Vaters. Die positive Rückmeldung stärkt das Mädchen und ihre Freude darüber führt langfristig dazu, dass sie lernt, den Wert des Aufräumens zu erkennen. Doch nicht immer ist ein Lob angebracht: Wäre Johanna nicht vier, sondern acht Jahre alt, würde das Lob nicht passen – das Aufräumen eines Spiels oder Puzzles kann in diesem Alter bereits vorausgesetzt werden, ein zusätzliches Lob wäre hier übertrieben.

Wenn Luisa, fünf Jahre alt, nach dem täglichen Spaziergehen mit ihrer Mutter und dem Hund ihre Jacke an der Garderobe aufhängt, bekommt sie von ihrem Papa jedes Mal ein Lob dafür. Dass sie ihre Schuhe im hohen Bogen von den Füßen kickt, kommentiert er dagegen nicht.

Hier wäre es angemessen, das Aufhängen der Jacke inzwischen als selbstverständlich anzusehen und nur positiv zu verstärken, wenn Luisa auch ihre Schuhe weggeräumt hat.

toll!

Gutenachtritual

Fragen Sie sich jeden Tag, ob Sie Ihr Kind schon gelobt haben. Falls nicht, sollten Sie das vor dem Schlafengehen unbedingt nachholen, denn es gibt immer etwas, das Ihr Kind an dem Tag besonders gut gemacht hat und das ein Lob verdient.

Kinder spüren, wenn ein Lob nicht ernst gemeint ist.

Lob tut auch dem Lobenden gut

■ Wenn Sie mithilfe eines Lobs Ihr Kind belohnen und damit sein Selbstbewusstsein aufwerten, wirkt sich das auch auf Sie selbst aus: Durch regelmäßiges und ehrliches Loben, richten Sie Ihren Blick automatisch auf die guten Eigenschaften und Verhaltenweisen Ihres Kindes und nehmen es insgesamt positiver wahr.

Die folgenden Lobarten sollten Sie allerdings unbedingt vermeiden, denn sie erkennen das positive Verhalten des Kindes nicht wirklich an. Bei allen vier Möglichkeiten wird seine Leistung wieder eingeschränkt. Dadurch verliert das Lob seine Kraft und der gewollte Motivationsschub bleibt aus:

Lobart	ineffektiv	effektiv
Das Besserwisser-Lob	„Prima, endlich hast du deine Legosteine in die Kiste geräumt. Allerdings solltest du langsam wissen, dass die Teile für die Burg in die rote Kiste kommen, nicht in die blaue."	„Prima, du hast endlich deine Legosteine in die Kiste geräumt!"
Das Aber-Lob	„Super, du bist heute Morgen ganz schnell aufgestanden, aber wenn du jetzt noch deine Zähne alleine putzt, wäre das noch schöner."	„Super, du bist heute Morgen ganz schnell aufgestanden!"
Das Zweck-Lob	„Du hast ja gestern beim Einschlafen gar kein Theater gemacht. Wenn du das jetzt jeden Abend schaffst, kann ich endlich in Ruhe meine Zeitung lesen."	„Du hast ja gestern beim Einschlafen gar kein Theater gemacht."
Das Appell-Lob	„Schön, wie du heute ohne Diskussion in deine Kindergartengruppe gegangen bist. Morgen muss das wieder so klappen!"	„Schön, wie du heute ohne Diskussion in deine Kindergartengruppe gegangen bist."

Die Selbstständigkeit wächst mit

Schritt für Schritt eigene Wege gehen

Etwas allein geschafft zu haben, macht Kinder stolz und glücklich.

■ Wenn wir Kinder miteinander vergleichen, stellen wir schnell fest, wie unterschiedlich die kleinen Persönlichkeiten schon von Geburt an sind. Manche sind schüchtern und zurückhaltend, andere draufgängerisch und impulsiv oder aber vorsichtig und wachsam. Genauso, wie sich Kinder hinsichtlich Größe, Aussehen oder Gewicht unterscheiden, so ist auch ihr Selbstbewusstsein verschieden stark ausgeprägt. Die einen brauchen sehr

viel Unterstützung und Anerkennung, um sich etwas zuzutrauen, die anderen tendieren zur Selbstüberschätzung und müssen eher gebremst werden. Um jedes Kind seinen Anlagen und Möglichkeiten entsprechend zu fördern, benötigen Eltern viel Feingefühl und Erziehungskompetenz. Dabei geht es darum, die jeweilige Persönlichkeitsentwicklung angemessen zu unterstützen: Unsichere Kinder brauchen viel Ermutigung, kleine Draufgänger hingegen müssen lernen, etwas vorsichtiger zu handeln. Ein gesundes Selbstbewusstsein entsteht dann, wenn Kinder Erfolgserlebnisse haben. Ständiges Scheitern macht unsicher. Es fördert das Selbstwertgefühl aber auch nicht, wenn Eltern ihrem Kind permanent alle Wünsche erfüllen, ohne dass dieses sich dafür auch einmal anstrengen muss. Der schmale Grat zwischen Über- und Unterforderung ist der Königsweg, den Eltern im Erziehungsalltag ständig suchen.

Die ersten eigenen Schritte sind am schwersten

■ Matthias (5) kann schon ganz alleine Brötchen beim Bäcker nebenan holen und Katharina (4) trägt stolz die Einkaufstüte ohne Hilfe vom Auto bis zur Haustür. Lara (4) ist nach dem Kindergarten zum ersten Mal bei einer neuen Freundin geblieben und André (3) will nun endlich versuchen, alleine in seinem Bett einzuschlafen.

Diese Kinder machen alle große Schritte in die Selbstständigkeit. Das verdient Anerkennung, denn ihr Verhalten ist für sie nicht selbstverständlich. Indem sie die Hand von Mutter oder Vater loslassen und sich auf die eigenen Stärken besinnen, betreten Kindergartenkinder Neuland. Sie nehmen Abschied von der Rundumversorgung und tun dies mit gemischten Gefühlen. Einerseits sind sie neugierig und wollen gerne selbstständiger werden, andererseits haben sie aber auch Angst, dass ihnen dies nicht glücken könnte und sie sich einsam und allein fühlen. Deshalb brauchen sie Zuspruch und Erfolgserlebnisse. Gelingt ihnen mit Unterstützung der Eltern ein Vorhaben, sind sie stolz und freuen sich über ihr Können. Sie werden selbstbewusster und gewinnen eine positive Einstellung zu sich und ihren Fähigkeiten. Schritt für Schritt lernen sie daran zu glauben, dass sie den weiteren Aufgaben des Lebens gewachsen sind. Das lässt sie neugierig und zuversichtlich in die Zukunft blicken.

Erfahrene Kindergartenkinder stehen vor ganz anderen Herausforderungen. Für sie ist es längst Alltag, sich von den Eltern zu verabschieden und auf einen Tag mit Freunden und Erzieherinnen einzulassen. Schwierig sind aber auch für sie neue, ungewohnte Situationen, wie beispielsweise eine Übernachtung im Kindergarten, der Auftritt in einem Theaterstück oder ein Kurzurlaub mit den Großeltern.

Entwicklung fordert Anerkennung

■ Es kommt auf die Perspektive an, ob die Entwicklungsschritte eines Kindes mit Freude und Lob oder mit Ungeduld und Tadel kommentiert werden. Das Feedback der Eltern und der engsten Familie entscheidet darüber, ob Kinder ein stabiles Selbstbewusstsein aufbauen können. Je mehr echtes Lob und Anerkennung sie erhalten, desto mehr akzeptieren und mögen sie sich selbst. Sara (5) hat sehr genaue Vorstellungen davon, welche Kleidung sie in den Kindergarten anziehen möchte. Da ihr modischer Geschmack jedoch noch in der Entwicklungsphase ist, kommen dabei manchmal skurrile Kombinationen zustande. Wenn die Farben oder Muster nicht zusammenpassen, beißt Saras Mutter die Zähne zusammen und verkneift sich einen Kommentar. Sie findet die Outfits ihrer Tochter zwar entsetzlich, erhebt aber keinen Einspruch, solange sie den Wetterverhältnissen angepasst sind.

Sara beweist Selbstständigkeit und zeigt, dass sie einen eigenen Willen und Geschmack entwickelt. Ihre Mutter erkennt dies an und lobt sie dafür, auch wenn es ihrem eigenen Stilgefühl nicht entspricht. Sicherlich wird Sara im Kindergarten manch erstaunten Kommentar über ihre ungewöhnliche Kleiderwahl aushalten müssen. Doch die Anerkennung und das Vertrauen ihrer Mutter bestärken sie. Diese Erfahrung wird Sara auch auf andere Bereiche übertragen und sich für ihre eigenen Ansichten stark machen können.

Kleine Erfolgserlebnisse können eine große Wirkung haben.

Trauen Sie Ihrem Kind etwas zu, dann glaubt es selbst an seine Fähigkeiten.

Kinder brauchen Herausforderungen. Schon sehr früh können und sollen sie ihre Fähigkeiten austesten, immer im Rahmen dessen, was ihnen zugemutet werden kann. Die Erfahrung, eine Aufgabe bewältigt zu haben, gibt Ihrem Kind Antrieb und motiviert es, sich neuen Zielen zuzuwenden.

Dazu sollten Sie Ihr Kindergartenkind ermutigen

- im eigenen Bett zu schlafen, alleine einzuschlafen
- einer regelmäßigen Freizeitaktivität nachzugehen, zum Beispiel Kindertheater oder Turnen

- alleine zur Toilette zu gehen
- herausgelegte Kleidung selbst anzuziehen. Achtung: Planen Sie genügend Zeit dafür ein, damit es keinen Stress gibt
- zu versuchen, Konflikte mit Freunden alleine zu lösen
- ein altersgemäßes Spiel bis zum Ende durchzuhalten (je nach Alter 15 bis 30 Minuten)
- die Enttäuschung über ein verlorenes Spiel zu ertragen. Lassen Sie Ihr Kind nicht immer absichtlich gewinnen
- jeden Tag für etwa eine halbe Stunde alleine im Kinderzimmer zu spielen
- beim Bäcker, Metzger oder Kiosk etwas zu bezahlen
- alleine bei einem Freund oder einer Freundin zu bleiben oder sogar zu übernachten
- sich für einen Fehler zu entschuldigen
- im Haushalt zu helfen, zum Beispiel beim Gemüseschneiden, Tischdecken oder Blumen gießen
- mit Oma, Opa oder Freunden zu telefonieren und die Ziffern selbst zu wählen
- Briefe oder Postkarten selbst zu unterschreiben (den Namen malen)
- mit den Großeltern oder Freunden einen Ausflug zu machen, eventuell auch über Nacht

Zwingen Sie Ihr Kind nicht, etwas Neues auszuprobieren, aber halten Sie es auch nicht davon ab. Je mehr Sie an seine Fähigkeiten glauben, desto mehr traut es sich auch selbst zu.

Raus in die weite Welt

■ Der Eintritt in den Kindergarten ist für viele Kinder nicht einfach. Obwohl sie neugierig und interessiert sind, haben sie doch Angst davor, die Sicherheit und Gewohnheit des eigenen Zuhauses für ein paar Stunden aufzugeben. Was passiert in der Zeit, in der sie weg sind? Ob Mama wirklich noch da ist, wenn sie zurückkommen? Gibt es im Kindergarten vielleicht Streit? Schmeckt das Essen nicht oder ist das Lieblingsspielzeug nicht aufzufinden?

Um sich diesen Unsicherheiten stellen zu können, müssen Kinder auf ihre eigenen Stärken vertrauen. Eltern helfen ihrem Kind dabei, wenn sie es ermutigen und nicht übermäßig besorgt sind. Je deutlicher Eltern ihrem Kind signalisieren, dass es diese Herausforderung schon meistern wird, desto leichter gelingt dem Kind die Trennung. Stehen allerdings beim Abschied auch den Eltern die Tränen in den Augen, beunruhigt dies auch das Kind, sodass es sich nicht unbelastet auf die neue Umgebung einlassen kann. Überbehütende Eltern erweisen ihrem Kind keinen Gefallen, denn sie stehen der kindlichen Neugier und Abenteuerlust aus unbegründeter Sorge im Weg.

Mit der Zeit lernen alle Kinder, sich im Kindergarten sicher zu fühlen und die vorübergehende Trennung von zu Hause nicht mehr als Belastung zu erleben. Im Gegenteil, die neue Umgebung wirkt anregend und eröffnet eine spannende Welt mit Spielen und Spielkameraden, die zu Hause nicht zu finden sind. In der Gruppe machen Kinder wichtige Erfahrungen, die ihnen in der Schule, aber auch im späteren Leben von Nutzen sein werden. Sie lernen sich durchzusetzen, ihre Interessen zu vertreten, aber auch auf die Bedürfnisse anderer zu achten und sich zu integrieren. Das macht stark und selbstbewusst. Bei manchen geht das schneller, bei anderen dauert es länger. Für alle Kinder ist die Zeit im Kindergarten jedoch eine wichtige Erfahrung.

Ich schaffe das schon! Kinder wollen sich ausprobieren

Checkliste: Schränken Sie Ihr Kind zu viel ein?	Ja	Nein
Befürchten Sie, dass Ihr Kind seine Fähigkeiten überschätzt und seine Grenzen nicht kennt?	☐	☐
Sind Sie sehr unruhig, wenn Sie nicht genau wissen, was Ihr Kind gerade macht?	☐	☐
Fällt es Ihnen sehr schwer, Ihr Kind bei einem Freund oder den Großeltern alleine zu lassen?	☐	☐
Schalten Sie sich in einen Konflikt unter Kindern immer gleich ein?	☐	☐
Trösten Sie Ihr Kind sofort, auch wenn es noch gar keine Hilfe bei Ihnen sucht?	☐	☐
Loben Sie Ihr Kind extrem oft, auch für Leistungen, die es schon länger beherrscht?	☐	☐
Nehmen Sie Ihr Kind ständig vor anderen in Schutz?	☐	☐
Haben Sie ein schlechtes Gewissen, wenn Ihr Kind sich wehtut?	☐	☐
Helfen Sie Ihrem Kind möglichst schnell, wenn ihm etwas nicht sofort gelingt?	☐	☐
Übernehmen Sie für Ihr Kind Tätigkeiten, die es schon alleine kann, etwa anziehen oder ein Brot schmieren?	☐	☐
Unterbrechen Sie oft das Spiel Ihres Kindes, weil Sie befürchten, es könnte sich verletzten?	☐	☐

Auswertung:

Wenn Sie öfter als viermal mal mit „Ja" geantwortet haben, neigen Sie möglicherweise zur Überbehütung. Dann sollten Sie klären, warum das so ist, denn durch zu viel Fürsorge schränken Sie Ihr Kind wahrscheinlich in seiner Entfaltung ein. Vielleicht stecken unbegründete Ängste, schlechte Erfahrungen oder eine zu hohe Erwartungshaltung hinter diesem Verhalten. Finden Sie heraus, ob diese Ängste wirklich realistisch sind oder Sie sich diese einreden. Häufig gründen sie auf eigenen negativen Erfahrungen und können, wenn diese einmal bewusst wahrgenommen worden sind, leicht abgelegt werden. Manchmal ist es allerdings auch notwendig, sich Unterstützung bei Fachleuten zu suchen und eine Beratung in Anspruch zu nehmen.

Auch Jungen haben eine fürsorgliche Ader

Kinder müssen ihre Identität finden

Jungen und Mädchen brauchen starke Vorbilder

■ Bei den meisten Mädchen und Jungen im Kindergartenalter lassen sich geschlechtstypische Verhaltensweisen erkennen. Mädchen sind in der Regel weniger aggressiv als Jungen, sie passen sich leichter an und setzen mehr auf Kommunikation. Jungen lieben es zu kämpfen und zu toben, verehren Sportler und fantastische Comic-Helden. Mädchen bevorzugen Bücher, Brettspiele und Gespräche. Beide Vorlieben haben ihre Vorteile.

Im Kindergarten und in der Schule zahlen sich die kommunikativen Fähigkeiten der Mädchen oft aus, da Kinder Konflikte nicht mit Gewalt lösen sollen. Aber es gibt auch Situationen, in denen das kämpferische Verhalten der Jungen angemessen ist, zum Beispiel beim Kräftemessen auf dem Spiel- oder Sportplatz. Ihre körperliche Stärke und ihr Durchsetzungsvermögen geben den Jungen ein Gefühl der Sicherheit. Mädchen hingegen fühlen sich oft schutzbedürftig, sind jedoch stolz darauf, nicht so oft zu stören, weniger ermahnt zu werden und sich nicht zu schlagen. Zu den Aufgaben aller Erziehenden (Eltern, Kindergarten und Schule) gehört es, Mädchen und Jungen einen sinnvollen Umgang mit Kraft und Sprache zu vermitteln.

Jungen und Mädchen müssen lernen, ihre Stärken angemessen einzusetzen.

Im Kindergarten streiten sich Ina (5) und Henning (4) um einen Ball. Obwohl Henning jünger ist, hat er genügend Kraft, um den Ball an sich zu reißen. Ina gibt vorerst nach und lässt ihm den Ball. Doch dann wendet sie sich an eine Erzieherin und beschwert sich über Henning. Diese schlichtet den Streit und findet mit den Kindern einen Kompromiss.

Formulieren Sie Kritik möglichst positiv und vermeiden Sie negative Zuschreibungen.

Indem die Erzieherin auf die Bedürfnisse beider Kinder eingeht und im gemeinsamen Gespräch eine Lösung findet, wertet sie keins der Kinder ab. Sie rügt den jüngeren Henning nicht für sein ruppiges Verhalten und stellt Ina nicht als „Petze" hin. Stattdessen nimmt sie beide Kinder in ihrem natürlichen Verhalten an und führt sie sanft und geschickt zu einer Einigung. So fühlt sich niemand als Verlierer, sondern beide Kinder lernen, wie sich unterschiedliche Bedürfnisse vereinbaren lassen.

Ich bin okay

■ Sobald Kinder anfangen, sich selbst Merkmale zuzuschreiben, zum Beispiel „ich bin stark", „ich bin schnell", „ich bin tollpatschig" oder „ich bin lieb", entwickeln sie ein Bild von sich, das positive und negative Eigenschaften beinhaltet. Ob Kinder sich selbst mit all ihren Besonderheiten annehmen und somit auf Dauer ein stabiles Selbstwertgefühl aufbauen können, hängt immer von den Reaktionen ihrer Umwelt ab. Gerade Eltern beeinflussen schon in den ersten Lebensjahren, wie sich das Verhältnis ihrer Kinder zum eigenen Aussehen, zum eigenen Körper und ih-

Jungen wollen mit allen Seiten ihrer Persönlichkeit angenommen werden

rem Geschlecht entfaltet. Da ein Kind sehr sensibel auf Zuspruch und Ablehnung reagiert, sollten Sie mit Kritik vorsichtig umgehen und Ihren Blick auf das Positive richten.

Positive Aussagen

Wählen Sie Sätze wie „Ich finde gut, dass…", „Mir gefällt, dass…", „Das hast du gut gemacht.", „Ich bin beeindruckt davon, wie du…". Negative Kommentare und Zuschreibungen können sich im Kopf Ihres Kindes festsetzen und seine Entwicklung blockieren. Vermeiden Sie daher Sätze wie „Sei doch nicht so schusselig!", „Was hast du denn da wieder für einen Unsinn gemacht!", „Immer bist du so aggressiv!".

Starke Eltern – starke Kinder

■ Eltern, die mit sich und ihrem Leben im Einklang sind, übertragen dieses Wohlbefinden auch auf ihre Kinder. Dabei ist es egal, wie sie ihren Alltag gestalten. Eine Mutter und Hausfrau vermittelt ebenso ein wirksames Rollenvorbild wie eine leitende Angestellte. Und ob der Papa als Hausmann, Angestellter, Handwerker oder freischaffender Künstler arbeitet – solange die Familie damit glücklich ist, wirkt sich dies positiv auf die Kinder aus. Es zählt die Zufriedenheit mit dem eigenen Lebensentwurf. Denn Kinder müssen lernen, sich mit all ihren Eigenheiten, Stärken und Schwächen zu akzeptieren. Eltern, die eine positive Einstellung zu sich und ihrem Leben vermitteln und mit den eigenen Mängeln und Unzulänglichkeiten offen umgehen, unterstützen Kinder

dabei, eine solche Einstellung zu aufzubauen.

Tipp: Geben Sie nicht alle Ihre Interessen zugunsten der Kinder auf. Zeigen Sie ihnen, dass Familie und Spaß am eigenen, individuellen Hobby durchaus zu vereinen sind.

So fördern Sie das Selbstbewusstsein Ihres Sohnes

■ Die Unterschiedlichkeit von Jungen und Mädchen lässt sich nicht bestreiten, deshalb gibt es immer wieder Situationen, in denen Eltern und Erzieher dieser Rechnung tragen sollten. Den Bewegungsdrang von Jungen und ihr Wunsch, so oft wie möglich ihre körperlichen Grenzen auszutesten, müssen Sie nicht unterdrücken. Vielmehr sollten Sie Ihrem Sohn immer wieder Gelegenheiten bieten, sich körperlich zu behaupten. Zeigen Sie ihm, wann er seine Kraft sinnvoll einsetzen kann („Hilf mir bitte mal, die Einkäufe ins Haus zu tragen"), und wann es besser ist, seine sprachlichen Möglichkeiten zu nutzen („Sag mir, worüber du wütend bist, anstatt gegen die Tür zu treten"). So bestärken Sie seine bereits vorhandenen Fähigkeiten und erweitern darüber hinaus seine Kompetenzen.

Obwohl Jungen sich in der körperlichen Entwicklung von Mädchen unterscheiden, können sie trotzdem sehr sensibel sein. Manche Eltern neigen dazu, ihren Sohn unbewusst in eine konventionelle männliche Rolle zu drängen, obwohl dieser andere Verhaltensweisen zeigt. In diesem Fall ist es

Wenn Eltern gelassen mit ihren Schwächen umgehen, gelingt das auch den Kindern leichter.

sinnvoll, das eigene Männerbild zu hinterfragen. Überprüfen Sie, ob folgende Aussagen Ihre Sichtweise treffen:

- Ein Junge muss sich durchsetzen können.
- Jungen dürfen ihre Konflikte auch mit kleinen Prügeleien austragen.
- Ein Junge darf nicht ängstlich oder unentschlossen sein.
- Jungen benötigen nicht viel Trost.
- Jungen dürfen nicht weinen.
- Jungen sind lauter als Mädchen und dürfen das auch sein.
- Jungen dürfen nicht schwach und hilflos sein.
- Hobbys von Jungen müssen „männlich" sein.

Wenn diese Aussagen mehrheitlich Ihre Einstellung widerspiegeln, wird es Ihr Sohn schwer haben, ein stabiles Selbstbewusstsein zu entwickeln, das sich nicht ausschließlich nach dem traditionellen Männerbild richtet.

So fördern Sie das Selbstbewusstsein Ihrer Tochter

■ Die meisten Mädchen lieben es, ihre Mutter zu unterstützen und Verantwortung in der Familie zu übernehmen. Diese traditionell gewachsenen sozialen Verhaltensweisen führen immer noch häufig dazu, dass Mädchen und Frauen zugunsten anderer auf ihre eigenen Interessen und Wünsche verzichten. Indem sie sich rollengerecht verhalten und damit Zuneigung und Anerkennung erfahren, stärken Mädchen ihr Selbstbewusstsein. Doch sie haben auch eine andere Seite, die sie ausleben können sollten.

Natürlich sollten Sie ein Mädchen für sein gutes Sozialverhalten loben („Toll, dass du so schön leise bist, damit das Baby nicht wach wird"), es aber auch darin unterstützen, sich in manchen Situationen mehr durchzusetzen („Wenn du dich ärgerst, kannst du ruhig mal aufstampfen oder gegen ein Kissen schlagen").
Haben Sie das Gefühl, Ihre Tochter verhält sich möglicherweise zu angepasst und hat Schwierigkeiten damit, auch mal „auf den Tisch zu hauen"? Wenn Sie die folgenden Fragen mehrheitlich mit „Ja" beantworten können, besitzt Ihre Tochter ein starkes Selbstbewusstsein und kann ihre Interessen gut durchsetzen:

- Kann Ihre Tochter deutlich „Nein" sagen, wenn sie etwas nicht will?

Ermuntern Sie Ihre Tochter, negative Gefühle zu zeigen und ihrem Ärger Ausdruck zu verleihen.

- Darf Ihre Tochter Wut rauslassen und auch mal schreien?
- Kann Ihre Tochter Wünsche und Bedürfnisse deutlich ausdrücken?
- Freut sich Ihre Tochter, wenn sie beim Spielen siegt?
- Verteidigt Ihre Tochter bei Konflikten ihren Standpunkt?
- Geht Ihre Tochter ihren Vorlieben nach, auch wenn sie „männlich" sind?

Kinder brauchen gute Vorbilder

■ Kinder orientieren sich in ihren Verhaltensweisen an den Menschen in ihrer Umgebung. Die eigenen Eltern sind zunächst ihre wichtigsten Vorbilder und helfen ihnen dabei, sich selbstbewusst in der Welt zu bewegen.

Auch der alltägliche Umgang mit Eltern, Freunden, Verwandten, Erziehern oder Lehrern dient ihnen als Richtlinie für ihr eigenes Verhalten. Das wird in vielen Situationen deutlich, zum Beispiel bei Streitigkeiten, beim Umgang mit älteren Menschen, am Esstisch oder bei der Freizeitgestaltung. Kinder imitieren Handlungsweisen, die sie regelmäßig erleben, gute wie schlechte. Dabei ist es sehr wichtig, dass Eltern authentisch sind und die Werte, die sie vermitteln, auch selbst leben. Doch oft ist das nicht der Fall. Kritisieren Eltern an ihren Kindern häufig ein Verhalten, das sie selbst vorleben, führt das zur Unsicherheit – das Kind weiß nicht mehr, was richtig und was falsch ist, und kann nicht mehr selbstbewusst handeln.

Kinder imitieren das Verhalten, das ihre Eltern und andere Erwachsene ihnen vorleben.

Ein gutes Vorbild: Auch Papa kann backen

Sind Sie ein gutes Vorbild für Ihr Kind?

Anspruch	Wirklichkeit
Ihr Kind soll nicht so viel fernsehen oder am Computer sitzen.	Sie haben mehrere Fernsehgeräte und eines wird immer eingeschaltet, wenn Sie nach Hause kommen.
Ihr Kind soll sich mit Büchern beschäftigen und eine „Leseratte" werden.	In Ihrem Haushalt gibt es nur wenige Bücher. Sie selbst lesen sehr selten.
Ihr Kind soll sich gesund ernähren.	Der Süßigkeitenschrank ist stets gut gefüllt, auch Sie selbst naschen viel zwischendurch.
Ihr Kind soll sportlich sein und sich viel bewegen.	Sie selbst laufen ungern und nehmen bei jeder Gelegenheit das Auto.
Ihr Kind soll selbstständig werden und sich selber anziehen.	Aus Ungeduld nehmen Sie Ihrem Kind oft viel zu viel ab.
Ihr Kind soll seine Aufgaben ruhig und konzentriert erledigen.	Stress und Zeitdruck führen dazu, dass Sie Ihr Kind ständig antreiben müssen. Schusselfehler passieren Ihnen häufig.

Was Sie von Ihrem Kind erwarten, müssen Sie ihm auch selbst vorleben.

Wenn Sie sich in diesen Widersprüchen wiederfinden, sollten Sie Ihren Erziehungsanspruch überdenken. Entweder ändern Sie Ihr eigenes Verhalten oder Sie schrauben die Erwartungen an Ihr Kind zurück.

Jungen haben weniger echte Vorbilder

■ Immer noch verbringen Mütter mehr Zeit mit ihren Kindern als Väter. Für Mädchen hat das den positiven Effekt, dass sie ihr weibliches Vorbild direkt vor Augen haben. Kleine Mädchen orientieren sich an der Mutter und imitieren selbstverständlich deren Verhalten. Auf Jungen ist dies kaum zu übertragen. Schon dreijährige Jungen distanzieren sich vom Lackieren der Fingernägel, dem Tragen eines Kleides oder dem Spiel mit Pferden und Puppen.

Der Zerfall klassischer Familienstrukturen, wie wir ihn erleben, hat zur Folge, dass Vorbilder für Jungen seltener werden. Immer mehr Kinder wachsen ohne den eigenen Vater auf, werden hauptsächlich von Frauen versorgt und bis weit in die Schulzeit hinein von Erzieherinnen und Lehrerinnen unterrichtet. Vielen Jungen fehlen oft jahrelang männliche Vorbilder, an denen sie sich messen und orientieren können.

Das hat starke Auswirkungen auf ihr Selbstbild. Typisch männliche Eigenschaften wie der große Bewegungsdrang oder das Bedürfnis, die Kräfte zu messen, finden in der „Frauenwelt" wenig Anerkennung. Das, was Jungen gut können, ist spätestens in der Schule nicht mehr gefragt. Stattdessen werden eher weibliche Begabungen gefordert, wie der kommunikative Austausch, soziale Kompetenzen oder hohe Konzentrationsfähigkeit. Kein Wunder, dass Jungen inzwischen zu den Verlierern des Bildungssystems zählen, wie zahlreiche Studien bestätigen. Das ist frustrierend und nicht besonders motivierend für Jungen.

im sozialen Jahr aufzuweisen hat. Aber auch der Trainer aus dem Kinderturnen, ein Onkel oder Opa, ein befreundeter Nachbar können zum Vorbild werden.

Nicolas (vier Jahre) wächst ohne Vater auf. Seit seiner Geburt sieht er einen guten Freund seiner Mutter regelmäßig. Mit der Zeit entwickelt sich eine feste Bindung. Je älter Nicolas wird, desto mehr genießt er die Raufereien, Wettrennen und „Männergespräche". Lob und Anerkennung von diesem Freund sind ihm sehr wichtig. Dieser hat die Rolle des männlichen Vorbilds im Laufe der Jahre besetzt und ermöglicht Nicolas damit, ein gesundes Männerbild zu entwickeln. **<<<**

Besser als „Spider-Man" und „Darth Wader" sind alltägliche Helden. Sorgen Sie dafür, dass Ihr Sohn männliche Vorbilder hat.

Bieten Sie Ihrem Sohn ein Vorbild

■ Um sich zu einem starken und selbstbewussten Mann zu entwickeln, brauchen Jungen männliche Vorbilder. Getrennte Paare sollten ihre eigenen Kränkungen und Verletzungen daher zugunsten des Kindes zurückstecken und regelmäßige Kontakte zwischen Vater und Sohn ermöglichen. Geht das nicht, seien Sie kreativ. Nutzen Sie jede Möglichkeit, um Ihrem Sohn den Kontakt zu anderen Jungen, männlichen Jugendlichen oder Männern zu bieten. Toll, wenn der Kindergarten einen Erzieher oder einen jungen Mann

Selbstkontrolle und Selbstbeherrschung

Disziplin macht erfolgreich

Zu den wichtigen Lernprozessen von Kindern gehört es, nicht jedem Impuls sofort folgen zu müssen.

■ Ein gesundes Maß an Selbstbeherrschung oder sogenannter innerer Disziplin wird Ihrem Kind sehr helfen, schwierige Situationen zu bewältigen. Damit ist keinesfalls blinder Gehorsam gemeint, sondern die Fähigkeit, den „inneren Schweinehund" in Grenzen zu halten und nicht jeder Unlust oder jedem Bedürfnis gleich nachzugeben. Denn nichts ist schöner als der Erfolg, den sich ein Kind selbst erarbeitet hat. Kinder mit einer hohen Fähigkeit zur Selbstkontrolle können ihre Impulsivität besser beherrschen und verlieren ihre Ziele nicht so schnell aus den Augen. Es fällt ihnen leichter, Werte und Normen, die ihnen vermittelt wurden, auch umzusetzen.

Der fünfjährige Sven findet einen Schokoriegel, den sein Freund Alexander bei ihm vergessen hat. Obwohl Sven Schokolade liebt, öffnet er den Riegel nicht, sondern hebt ihn für den Freund auf. Das ist für ihn Ehrensache, obwohl er sich kaum beherrschen kann und ständig daran denken muss. Alexander dankt es ihm und teilt die Schokolade mit seinem Freund.

Ein Kind mit weniger Disziplin hätte dieser Versuchung kaum widerstanden, doch Sven hat bereits eine starke Fähigkeit zur Selbstbeherrschung entwickelt. Diese wird ihm später sicher von Nutzen sein: Eine Studie aus Neuseeland hat ergeben, dass Kinder mit einem hohen Maß an Selbstdisziplin auch als Erwachsene besser zurechtkommen. Die über 30 Jahre lang untersuchten Testpersonen waren erfolgreicher in Ausbildung und Beruf und hatten seltener gesundheitliche Probleme. Insgesamt meisterten diese Kinder als junge Erwachsene ihr Leben positiver als diejenigen, die Schwierigkeiten mit der Selbstkontrolle hatten.

Geben Sie nicht jeder Laune nach

■ Kinder erlernen diszipliniertes Verhalten nur, wenn ihre wichtigsten Bezugspersonen und ihr Lebensalltag dies auch unterstützen. Am leichtesten geht das mit einem authentischen Vorbild. Verwechseln Sie Disziplin aber nicht mit starrer Autorität und unflexiblen Regeln. Sie lässt sich auch nicht befehlen oder anordnen. Ein Kind muss nach und nach lernen, in welchen Situationen Unlust, Langeweile oder Ungeduld zu ertragen sind und wann nicht. Es sollte auch erkennen, warum diese Selbstdisziplin hilfreich und sinnvoll ist. Sie können Ihr Kind dabei unterstützen, Selbstbeherrschung zu entwickeln, indem Sie darauf achten, nicht jeder Laune und jedem Impuls sofort nachzugeben.

Es gehört Fingerspitzengefühl dazu, in jeder Situation neu zu entscheiden, wie viel Sie Ihrem Kind zumuten können und wann es überfordert wäre. Aber nur so entwickelt es langsam die Selbstdisziplin, die ihm dabei helfen wird, sein Leben zu bewältigen. <<<

Nach einer langen Wanderung endlich ans Ziel kommen – dieses Glücksgefühl kennt nur, wer Ausdauer hat.

Situation	falsche Reaktion	richtige Reaktion
Ausdauer Ihr Kind hat sich für das Kinderjudo entschieden, aber schon nach wenigen Stunden verliert es die Lust daran und möchte sofort aufhören.	Sie melden Ihr Kind umgehend ab. **Signal:** Getroffene Entscheidungen sind weniger wichtig als das subjektive Befinden.	Sie legen eine Anzahl von Probestunden fest, die Ihr Kind absolvieren muss.
Verantwortungsbewusstsein Monatelang hat Ihr Sohn sich zwei Meerschweinchen gewünscht. Nun sind die Tiere da und schon nach wenigen Tagen will Ihr Kind das Füttern nicht mehr übernehmen.	Sie kümmern sich selbst um die Schweinchen. **Signal:** Irgendjemand übernimmt schon meine Pflichten, wenn ich keine Lust dazu habe.	Sie füttern die Tiere gemeinsam mit Ihrem Kind regelmäßig jeden Tag.

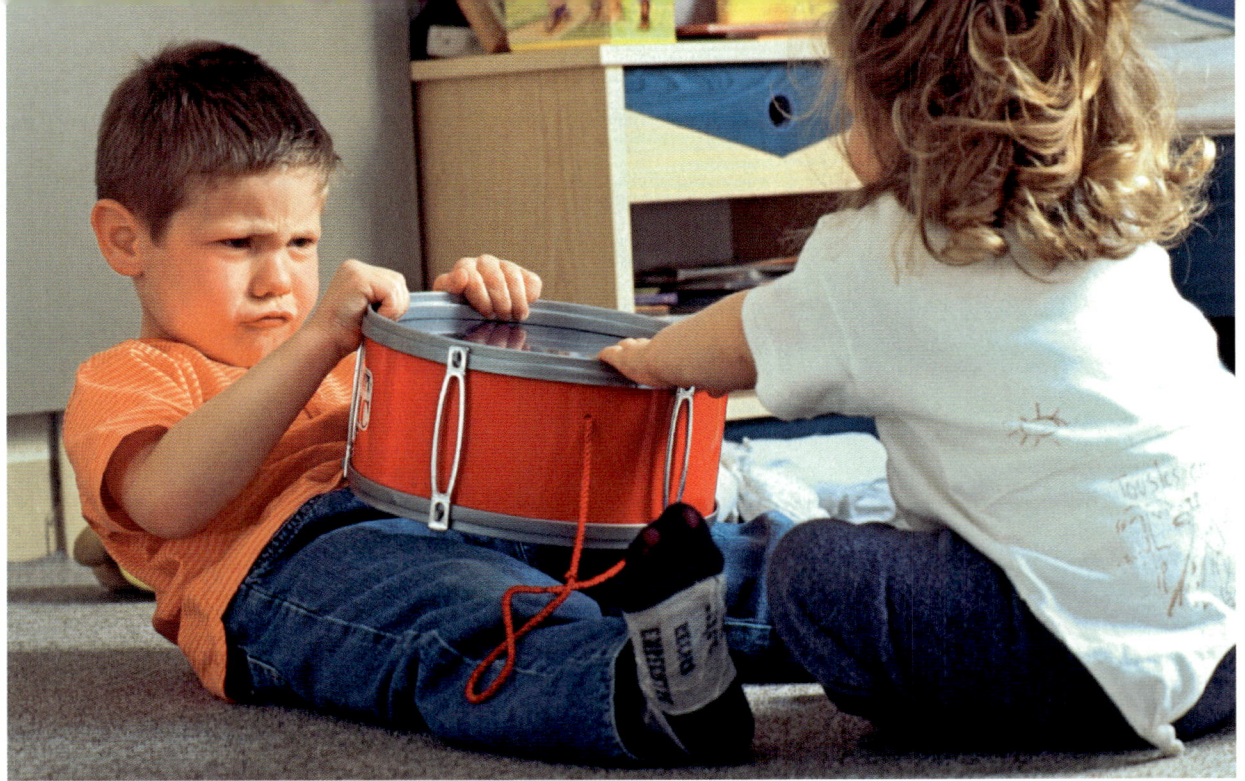
Der Stärkere gibt nach – auch Streiten will gelernt sein

Mit Enttäuschungen umgehen

Selbstbewusste Kinder können auch verlieren

Schwächen zeigen – starken Kindern gelingt dies, ohne sich dabei als Verlierer zu fühlen.

■ Besonders bei Auseinandersetzungen und in Konfliktsituationen stellt sich heraus, wie viel Selbstvertrauen ein Kind hat. Selbstbewusste Kinder können ihren Sorgen Ausdruck verleihen und um Hilfe bitten. Sie haben keine Angst davor, dadurch schwach zu wirken. Jungen und Mädchen mit einem positiven Selbstbild können auch einmal nachgeben oder verlieren, ohne dass gleich eine Welt für sie einstürzt. Sie wissen, dass nicht ihr Erfolg, sondern ihr Wesen an sich geliebt und ge-

schätzt wird. Das hilft ihnen, Konflikte selbst zu lösen und unangenehme Situationen zu bewältigen. Jedes Kind entwickelt dabei eigene Strategien, daher ist es nicht leicht zu entscheiden, wann Eltern ihren Kindern helfen sollen und wann nicht. Schreiten sie zu schnell ein, nehmen sie ihrem Kind die Gelegenheit, wichtige Erfahrungen selbst zu machen. Warten sie zu lange, kann ihr Kind möglicherweise ernsthaft gekränkt oder verletzt werden.

Lea und Simon (knapp fünf Jahre) sind mit ihren Eltern bei Freunden zu Besuch. Die Kinder dürfen einen Film anschauen. Lea wählt „Winnie Puuh" aus und Simon möchte unbedingt „Findet Nemo" sehen. Keiner will von seinem Wunsch abweichen und beide sind den Tränen nahe. Da gibt Lea nach. Doch als der Film beginnt, verlässt sie den Raum. Simon bleibt alleine, verliert schnell die Lust und geht ebenfalls.

In diesem Konflikt hat es keinen Sieger und keinen Verlierer gegeben: Beide Kinder verzichten letztlich auf ihren Wunschfilm, weil sie sich nicht einigen können. Die Situation hat sich geklärt, ohne dass ein Erwachsener einschreiten musste – und ohne dass ein Kind dem anderen unterliegt. Leas Einlenken hat schließlich dazu geführt, dass auch Simon die Lust verloren hat.

Bedrückt Ihr Kind etwas?

■ Nicht immer erzählen Kinder ihren Eltern, wenn ein Problem sie belastet. Vor allem verschlossene, ängstliche oder unsichere Kinder behalten ihre Sorgen auch einmal für sich. Sie können sie möglicherweise nicht so gut in Worte fassen oder ihnen fehlt das Vertrauen in die Erwachsenen. Die folgende Checkliste hilft Ihnen dabei herauszufinden, ob Ihr Kind verborgenen Kummer hat.

Geben Sie Ihrem Kind die Möglichkeit, bei Konflikten selbst nach einer Lösung zu suchen.

Hat Ihr Kind Kummer und Sorgen?	Ja	Nein
Ist Ihr Kind nervöser oder unruhiger als gewöhnlich?	☐	☐
Spricht Ihr Kind weniger als sonst?	☐	☐
Isst Ihr Kind auffällig weniger oder mehr als üblich?	☐	☐
Macht Ihr Kind häufig einen lustlosen oder müden Eindruck?	☐	☐
Hat Ihr Kind keine Lust zu spielen oder sich mit Freunden zu treffen?	☐	☐
Klagt Ihr Kind häufig über Bauchschmerzen, Kopfweh oder andere Schmerzen, ohne dass der Arzt eine Ursache feststellen kann?	☐	☐
Hat sich das Verhalten Ihres Kindes verändert, meidet es beispielsweise Aktivitäten oder Freunde, die es früher mochte?	☐	☐
Weint Ihr Kind auffallend oft?	☐	☐
Ist Ihr Kind häufig aggressiv oder wütend?	☐	☐

Wenn Sie einige der Fragen mit „Ja" beantwortet haben, sollten Sie klären, warum sich das Verhalten Ihres Kindes geändert hat. Fragen Sie es zum Beispiel: „Ich habe das Gefühl, dass du in letzter Zeit nicht so glücklich bist. Stimmt das?" Signalisieren Sie Verständnis und grenzen Sie dann Ihre Fragen weiter ein. „Du bist also traurig? Was macht dich denn traurig?"

Stellt sich heraus, dass Ihr Kind ein Problem hat, sollten Sie ihm einfühlsam helfen und es in die Bewältigung des Konfliktes einbeziehen. Fragen Sie nach: „Was müsste denn passieren, damit du wieder glücklich bist?" Greifen Sie die Vorschläge Ihres Kindes unbedingt auf. Je stärker es an der Lösung beteiligt ist, desto positiver wirkt sich das auf sein Selbstbewusstsein aus.

Wer nicht wagt, der nicht gewinnt: Kinder lernen auch aus Fehlern für ihre Zukunft.

Aus Fehlern lernen

■ Fehler und Misserfolge sind kein Anlass für Frust oder Enttäuschung, vielmehr können sie wichtige Lernprozesse anstoßen. Durch sie erkennen Kinder, wie sich Dinge verbessern lassen. Kinder machen viele Fehler, das ist ganz natürlich. Aber sie müssen lernen, auch zu ihnen zu stehen. Wenn ein Kind sich vor den Folgen seines Tuns fürchtet, traut es sich irgendwann nichts mehr zu. Eltern können dieser Angst vor Strafe oder Scham vorbeugen, indem sie ihrem Kind vermitteln, dass Fehler auch ihre positiven Seiten haben.

Ihr Kind hat mit seinen Filzstiften die Tischdecke bemalt, Schokolade auf dem neuen Sofa verschmiert oder beim Spielen eine Pflanze umgeworfen? Wenn Sie jetzt wütend werden, Ihr Kind anschreien und bestrafen, wird das vielleicht nie wieder passieren. Aber vieles, was Ihrem Kind in Zukunft misslingt, werden Sie gar nicht mehr erfahren. Aus Furcht wird Ihr Kind künftig seine Fehler möglichst verschweigen. Mitunter wird es sogar aus Angst keine Wagnisse mehr eingehen und nichts Neues mehr ausprobieren. Schlucken Sie Ihren Ärger also herunter und suchen Sie gemeinsam mit Ihrem Kind nach Möglichkeiten, das Geschehene wiedergutzumachen: Lässt sich die Farbe aus der Tischdecke waschen? Gibt es ein Reinigungsmittel für das Sofa? Was ist von der Pflanze zu retten?

• Um die Tischdecke nicht mehr aus Versehen zu bemalen, richten wir einen Maltisch ein.

- Um auf dem Sofa nichts mehr zu verschmieren, wird am Wohnzimmertisch künftig nicht gegessen.
- Die Pflanze stand ungünstig, wir stellen sie an einen besseren Platz.

Fehler gemeinsam korrigieren

■ Karoline (6) konnte der Versuchung nicht widerstehen und hat bei ihrer Freundin Sabrina heimlich ein Armband mitgenommen. Vor dem Einschlafen gesteht sie ihrer Mutter unter Tränen den Diebstahl. Sie hat ein furchtbar schlechtes Gewissen und weiß nicht, was sie nun tun soll. Die Mutter tröstet sie. Gemeinsam überlegen sie, wie sich die Tat wieder gutmachen lässt. Sie beschließen, Sabrina am nächsten Tag alles zu erzählen und ihr als Entschuldigung eine Kleinigkeit zu schenken. Endlich kann Karoline einschlafen.

Karolines Mutter hat sich vorbildlich verhalten. Ohne ihrer Tochter Vorwürfe zu machen, hat sie den Diebstahl als einmaliges Fehlverhalten akzeptiert und sofort mit ihr nach einer Lösung gesucht. Karoline lernt daraus, dass sie Fehler nicht verheimlichen muss, sondern dass sie sich korrigieren lassen. Indem sie den Diebstahl gebeichtet hat, bewies sie große Stärke. Die Reaktion ihrer Mutter bestärkt sie in ihrem Verhalten und zeigt ihr, dass Offenheit der richtige Weg war. Mit großer Wahrscheinlichkeit wird sie sich auch in Zukunft ihrer Mutter anvertrauen.

Alle Kinder fürchten sich davor, einen Fehler einzugestehen, manche mehr und manche weniger. Angst ist eine gesunde Reaktion auf neue und unbekannte Situationen, aber auch auf Gefahr und Bedrohungen. Wenn Ihr Kind Fehlverhalten nicht zugeben kann, hat es Angst vor Strafe oder vor einer Blamage. Es hat aber auch noch nicht verstanden, dass Fehler hilfreich sind. Vergessen Sie nie, Fehler und Missgeschicke auch humorvoll zu betrachten. Schließlich passieren sie uns allen.

Tipp: Verstecken Sie auch Ihre eigenen Fehler nicht, denn Ihr Kind lernt an Ihrem Vorbild, wie sich mit Fehlern umgehen lässt.

Frustrationstoleranz steigern

■ Im Leben benötigt man häufig mehrere Anläufe, bis etwas gelingt. Kinder wissen das und können meist gut damit umgehen. Denken Sie nur an die zahllosen Versuche und Misserfolge, die Kinder bereits beim Greifen, Krabbeln, Aufstehen oder Laufenlernen machen. Viele würden diese Fähigkeiten niemals erlernen, wenn sie keine gesunde Frustrationstoleranz besäßen. Leider neigen sehr fürsorgliche und besorgte Eltern dazu, ihrem Kind zu schnell eine Aufgabe zu vereinfachen oder ganz abzunehmen. Damit erleichtern sie ihrem Kind zwar den Alltag, sie bringen es aber auch um die Erfahrung, Rückschläge zu erleben – und um das Glücksgefühl, ohne Hilfe etwas erreicht zu haben. Überbehütete Kinder erwarten irgendwann, dass ihnen alles zufällt. Sie verlernen mit der Zeit, sich für etwas anzustrengen. Das wird spätestens in der Schule problematisch. Mit

Jeder macht mal Fehler, Vorwürfe sind dann nicht hilfreich. Überlegen Sie mit Ihrem Kind gemeinsam, was es besser machen kann.

der folgenden Checkliste können Sie überprüfen, wie ausgeprägt die Frustrationstoleranz Ihres Kindes ist.

Wenn Sie mehr als fünf Fragen mit „Ja" beantwortet haben, lässt sich die Frustrationstoleranz Ihres Kindes noch stärken. Das bedeutet nicht, dass es immer einlenken soll oder sich niemals über Rückschläge ärgern darf. Vielmehr sollte ein gesundes Gleichgewicht zwischen Nachgeben und Fordern, zwischen Ärger und Akzeptanz entstehen. Im Familienalltag können Sie viel dafür tun, dass Ihr Kind mit Rückschlägen besser umgehen kann. Es lässt sich jedoch nicht vermeiden, dass Sie als Eltern auch mal Enttäuschungen und Frust Ihres Kinder aushalten müssen.

1. Sagen Sie Nein und bleiben Sie dabei

Vielen Eltern fällt es schwer, ihrem Kind einen Wunsch abzuschlagen. Schnell plagt sie das schlechte Gewissen, und die großen Kinderaugen tun das Ihrige dazu. Überlegen Sie genau, ob der Wunsch Ihres Kindes gerechtfertigt ist oder nicht. Entschließen Sie

Sie helfen Ihrem Kind nicht, wenn Sie ihm alle Hindernisse aus dem Weg räumen.

Checkliste: Frustrationstoleranz	Ja	Nein
Verliert Ihr Kind die Lust an einem Spiel, wenn es einmal verloren hat?	☐	☐
Gibt Ihr Kind schnell auf, wenn es etwas nicht versteht?	☐	☐
Weint Ihr Kind schnell, wenn Sie ihm etwas verbieten?	☐	☐
Spielt Ihr Kind nur friedlich mit Freunden, wenn es bestimmen darf?	☐	☐
Hat Ihr Kind Schwierigkeiten zu warten, wenn es etwas haben möchte?	☐	☐
Wird Ihr Kind schnell wütend, wenn etwas nicht nach seinem Willen läuft?	☐	☐
Braucht Ihr Kind lange, um sich von einem Misserfolg oder einer Enttäuschung zu erholen?	☐	☐
Kann Ihr Kind ein Nein nur schwer akzeptieren?	☐	☐
Fällt es Ihrem Kind schwer, anderen den Vortritt zu lassen?	☐	☐

sich für ein Nein, dann sollten Sie auch daran festhalten. Je seltener Sie sich überreden lassen, desto eher wird Ihr Kind Ihre Entscheidungen akzeptieren.

2. Lassen Sie Ihr Kind auf keinen Fall immer gewinnen

Für die Förderung Ihres Kindes können Sie kaum etwas Besseres tun, als ausdauernd und regelmäßig mit ihm zu spielen. Dabei sollten Sie darauf achten, dass Ihr Kind ab und zu auch verliert und dieses Gefühl erträgt. Fliegen auch anfangs dabei die Steine vom Brett, lernt Ihr Kind doch nach und nach, mit solch einer unangenehmen Situation umzugehen.

3. Bestehen Sie darauf, dass Versprechen eingehalten werden

Im Erziehungsalltag kommt es immer wieder vor, dass Kinder und Eltern Kompromisse eingehen oder Absprachen treffen. „Wenn ich dich jetzt noch zehn Minuten länger mit Anna spielen lasse, musst du nachher aber auch ohne Murren die Zähne putzen." Nehmen Sie solche Absprachen unbedingt ernst, damit Ihr Kind lernt, die Konsequenzen einer Entscheidung zu tragen.

4. Setzen Sie auch eigene Bedürfnisse durch

Mama und Papa dabei zuzusehen, wie sie in Ruhe telefonieren oder in der Zeitung blättern, eine E-Mail beantworten oder den Kaffee austrinken, langweilt Kinder. Gerne nutzen sie jede Gelegenheit, um auf sich aufmerksam zu machen und die Eltern zu stören. Machen

Sie deutlich, dass Ihnen Ihre Freiräume wichtig sind. Je konsequenter und klarer Sie dabei sind, desto eher wird Ihr Kind das akzeptieren.

5. Zeigen Sie Ihrem Kind, dass Anstrengung sich lohnt

Erkennen Sie bemerkenswerte Leistungen unbedingt an: Hängen Sie ein besonders schönes Bild auf, loben Sie die Aufräumversuche ausgiebig oder staunen Sie darüber, dass Ihr Kind ein schwieriges Puzzle alleine fertiggestellt hat.

Wenn niemand es recht machen kann

■ Kinder haben immer mal wieder Phasen, in denen sie mit sich und der Welt im Unreinen sind. Dann ist die Frustrationstoleranz quasi nicht mehr vorhanden. Selbst Kleinigkeiten kön-

Mit einfachen Grundregeln können Sie Ihrem Kind helfen, seine Frustrationstoleranz zu steigern.

nen Wutanfälle auslösen, die Eltern an den Rand eines Nervenzusammenbruchs bringen. Die Anlässe sind oft nichtig.

Es klingelt und Rebecca (vier Jahre) rennt zur Tür, um den Summer zu drücken. Ihr großer Bruder, der zufällig schon neben der Tür steht, ist schneller. Rebecca fängt sofort an zu schreien und kann nur langsam wieder beruhigt werden.

In solchen Situationen ist es besonders wichtig, die Ruhe zu bewahren und nicht auf die unbegründete Wut einzugehen. Niemand hat einen Fehler gemacht, keiner wollte das Mädchen ärgern. Dass sie nun so einen Wutanfall bekommt, sollten ihre Eltern weitgehend ignorieren. Eine Entschuldigung oder ein Trostpflaster sind nicht nötig, denn Rebecca hat einfach nur Pech ge-

Versuchen Sie bei Wutanfällen Ihres Kindes ruhig zu bleiben, der Ärger ist meist schnell verflogen.

Mit gutem Beispiel voran

Achten Sie darauf, wie Sie sich selbst bei Misserfolgen verhalten. Vertrauen Sie darauf, dass Sie beim nächsten Mal erfolgreicher sind oder blicken Sie eher pessimistisch in die Zukunft? Für Ihr Kind sind Sie ein wichtiges Vorbild: Wenn Sie ruhig, geduldig und entspannt mit Rückschlägen umgehen, übernimmt auch Ihr Kind diese Gelassenheit und kann zuversichtlich einen neuen Versuch wagen.

habt. Eine kurze Erklärung reicht aus, dann sollten alle wieder zur Tagesordnung übergehen. Wenn sich die Lage entspannt hat, können die Eltern das Ereignis noch einmal in Ruhe ansprechen, aber ohne dem Kind Vorhaltungen zu machen. Häufig lachen Kinder dann auch über ihr Verhalten. <<<

Starke Kinder sagen „Nein"

Vertrauen in die eigenen Gefühle entwickeln

■ Viele Kinder werden dazu erzogen, Erwachsenen nicht zu widersprechen und deren Aufforderungen zu gehorchen. Dazu gehört es oft auch, gegen das eigene Gefühl zu handeln, zum Beispiel wenn ein Kind lieber ohne Mütze in die Kälte gehen möchte. In den meisten Fällen ist das in Ordnung, weil Erwachsene Gefahren besser einschätzen können als Kinder und wissen, was gut und gesund für sie ist. Kinder dagegen sind mit solchen Entscheidungen oftmals überfordert. Damit ein Kind lernt, für sich selbst Verantwortung zu übernehmen, muss es immer wieder die Gelegenheit haben, seinem Gefühl zu folgen. Für die Eltern bedeutet das, sich hin und wieder auch auf Kompromisse einzulassen.

Ronja, sechs Jahre alt, ist zu Besuch bei ihrer Oma. Nach dem üppigen Mittagessen serviert die Großmutter noch einen Vanillepudding, den sie extra für die Enkelin gekocht hat. Ronja ist aber satt und möchte keinen Nachtisch mehr essen. Obwohl ihre Oma sie auffordert, den Pudding zu essen, lehnt die Sechsjährige dies ab.

Ronja ist ein selbstbewusstes Mädchen, das gesunde Ernährungsgewohnheiten entwickelt hat. Diese darf sie in ihrer Familie durchsetzen, ohne dafür negative Reaktionen befürchten zu müssen. So lernt Ronja, dass es in manchen Situationen durchaus in Ord-nung ist, eigene Interessen über die der anderen zu stellen. Sie traut sich, dies auch gegenüber Erwachsenen zu vertreten.

Neinsagen muss erlaubt sein

■ Säuglinge und Kleinkinder wehren sich noch vehement und ausdauernd, wenn sie etwas nicht wollen, zum Beispiel alleine einschlafen. Mit der Zeit lernen sie jedoch, sich den Wünschen der Erwachsenen unterzuordnen. Gleichzeitig müssen sie auch lernen, ihre eigenen Interessen zu vertreten und durchzusetzen. Kinder ent-

Das Neinsagen fängt bei ganz alltäglichen Dingen an und ist für unser ganzes Leben von Bedeutung.

45

wickeln erst ein Gefühl dafür, wann ein Nein passt und wann nicht. Das ist ein langer und mühsamer Lernprozess für Kinder und Eltern.

Kinder, die auf ihr Gefühl vertrauen können, spüren auch, wann sie Grenzen setzen müssen.

Natürlich sollen Kinder grundsätzlich auf ihre Eltern hören, aber in manchen Situationen müssen sie auch Nein sagen dürfen. Nur wenn sie bereits innerhalb der Familie lernen zu widersprechen, können sie dies später auch außerhalb der Familie. Wenn Sie nicht sicher sind, ob Ihr Kind sich traut, ein klares Nein auszusprechen, können Sie das mit der folgenden Checkliste überprüfen.

Traut sich Ihr Kind Nein zu sagen?	Ja	Nein
Traut sich Ihr Kind, Nein zu sagen, wenn ihm fremde Leute im Supermarkt über den Kopf streicheln wollen?	☐	☐
Sagt Ihr Kind klar und deutlich, wenn es keine Lust darauf hat, einen bestimmten Freund oder eine Freundin zu besuchen?	☐	☐
Lässt sich Ihr Kind nicht stören, wenn es gerade in ein Spiel vertieft ist? Sagt es Nein, wenn Sie es zu etwas anderem auffordern?	☐	☐
Traut sich Ihr Kind Nein zu sagen, wenn es seinem Opa keinen Abschiedskuss geben mag?	☐	☐
Kann Ihr Kind sich mit einem deutlichen Nein wehren, wenn andere ihm etwas wegnehmen wollen?	☐	☐

So helfen Sie Ihrem Kind, das Grenzen-setzen zu üben:

- Respektieren Sie es auf jeden Fall immer, wenn Ihr Kind keine Zärtlichkeiten austauschen möchte. Das gilt nicht nur für Außenstehende, sondern auch für Mitglieder der Familie.
- Unterstützen Sie Ihr Kind, wenn es anderen Kindern Grenzen setzt und nicht alles mitmachen möchte.
- Fragen Sie Ihr Kind regelmäßig, ob es bestimmte Dinge wirklich machen möchte, zum Beispiel bei einem Freund übernachten.
- Seien Sie Vorbild und erklären Sie genau, warum Sie in manchen Situationen Nein sagen oder bestimmte Grenzen setzen.

Je selbstbewusster Ihr Kind ist, desto leichter fällt es ihm, Nein zu sagen. Freuen Sie sich also über einen gesunden Widerspruchsgeist und respektieren Sie es, wenn Ihr Kind seinem Gefühl folgt. Sprechen Sie in Zweifelsfällen über die jeweilige Situation und entscheiden Sie dann gemeinsam.

Ausgrenzung und Hänseleien vorbeugen

■ Kinder mit einem schwachen Selbstbewusstsein, Einzelgänger, aber auch Kinder, die sich von der Mehrheit durch bestimmte Merkmale oder Eigenschaften abheben, werden manchmal geärgert und ausgegrenzt. Schon unter Kindern ist der Wunsch nach Gleichheit und Zugehörigkeit zu einer Gruppe sehr ausgeprägt. Wer sich abgrenzt, bewusst oder unbewusst, wird schnell zum Opfer gemacht. Bereits im Kindergarten sind solche Muster zu erkennen, auch wenn in diesem Alter die Erzieherinnen oder Eltern noch sehr wirkungsvoll eingreifen können.

Der fünfjährige Finn ist ein schüchterner, übergewichtiger Junge, der sich nicht gerne an Wettrennen mit den anderen Jungen beteiligt. Seit einiger Zeit will er nicht mehr in den Kindergarten gehen. Auf Nachfrage stellt sich heraus, dass die anderen Kinder ihm einen unschönen Spitznamen gegeben haben, der ihn sehr kränkt. Wenn er mit ihnen spielen will, grenzen sie ihn aus.

Finns Mutter vereinbart daraufhin ein Gespräch mit den Erzieherinnen und bittet sie um Hilfe. Im nächsten Morgenkreis machen diese gegenüber den Kindern ihre Haltung deutlich: Demütigungen und Beleidigungen sind nicht in Ordnung. Sie erklären auch, warum sie so etwas nicht dulden. Finn traut sich vor allen Kindern zu sagen, dass ihn keiner mit seinem Spitznamen ansprechen soll.

Gespräche helfen Kindern, mit schwierigen Situationen umzugehen

Nicht sprachlos abwarten

■ Kein Kind ist glücklich, wenn es gehänselt wird oder dumme Sprüche ertragen muss. Kinder mit einem schwachen Selbstbewusstsein wissen oft nicht, wie sie sich in solchen Situationen verhalten sollen. Aus Schüchternheit oder Scham rennen sie weg, anstatt sich zu wehren. Schlagfertigkeit ist hier das Zauberwort, doch die wenigsten Kinder haben immer gleich die passende Antwort parat, wenn sie jemand ärgert oder provoziert.

Ihr Kind sollte lernen, Mut zu zeigen und aktiv mit Beleidigungen umzugehen. Dass heißt nicht, dass es sich in handfeste Auseinandersetzungen begeben soll. Viel besser ist es, spöttischen Bemerkungen gezielt zu begegnen. Wenn es Ihrem Kind gelingt, eine überraschende, verunsichernde, witzige oder verwirrende Antwort zu geben, wendet sich das Blatt oft schnell. Sprechen Sie mit Ihrem Kind mögliche Situationen durch und überlegen Sie gemeinsam, wie es gut reagieren könnte. Üben Sie dieses Verhalten in kleinen Rollenspielen ein.

Natürlich kann Ihr Kind auch einfach weggehen und überhaupt nichts dagegenhalten. Der „Angreifer" steht dann mit seinem Spruch alleine da und wird die Lust am Ärgern verlieren.

Trainieren Sie mit Ihrem Kind das richtige Verhalten in heiklen Situationen.

Ich bin gut, so wie ich bin

Mit einem starken Selbstbewusstsein gelingt es Kindern, auch bei Auseinandersetzungen sicher aufzutreten.

■ Selbstbewusste Kinder können mit Ausgrenzungen wesentlich besser fertig werden, als schüchterne und ängstliche Kinder. Sie nehmen die Schikanen der anderen Kinder gar nicht so intensiv wahr und lassen sich durch sie nicht abschrecken. Wenn andere lachen, lachen sie einfach mit. Wenn die anderen sie nicht mitspielen lassen, versuchen sie es eben am nächsten Tag noch mal. Die Gewissheit, wertvoll und in Ordnung zu sein, geliebt und geschätzt zu werden, hilft Kindern, mit Ablehnung besser umzugehen. Und meistens verändert diese positive Haltung auch das Verhalten der anderen Kinder.

Wissen Sie überhaupt, wie Ihr Kind sich verhält, wenn es geärgert wird? Bei Geschwistern wissen Eltern meist aus Erfahrung, ob sich ein Kind wehren kann oder nicht. Bei Einzelkindern ist das schon schwieriger. Hier spielen sich

So stärken Sie Ihr Kind

- Achten Sie darauf, dass Ihr Kind genügend Möglichkeiten hat, feste Freundschaften zu schließen. Laden Sie Spielkameraden ein und ermöglichen Sie gegenseitige Besuche. Mit guten Freunden an der Seite ist die Gefahr gering, gehänselt oder ausgegrenzt zu werden.

- Üben Sie mit Ihrem Kind, seine Wünsche zu äußern und Nein zu sagen. Kinder, die sich wehren, werden als Opfer schnell unattraktiv. Sie müssen allerdings deutlich signalisieren, dass sie in Ruhe gelassen werden wollen. Spielen Sie auch hier entsprechende Situationen mit verteilten Rollen durch, damit Ihr Kind Übung bekommt.

- Erklären Sie Ihrem Kind, was erlaubt ist und was nicht. Nicht nur körperliche, sondern vor allem auch psychische Attacken können sehr verletzend sein. Im Ernstfall soll Ihr Kind einen Erwachsenen zu Hilfe holen.

die meisten Konfrontationen ja nicht zu Hause, sondern im Kindergarten und später in der Schule ab. Wenn Sie sich Sorgen machen, dass Ihr Kind von anderen ausgegrenzt oder geärgert wird, können Sie sich mit den nebenstehenden Fragen einen Eindruck verschaffen.

Klärende Gespräche

■ Haben Sie einige Fragen mit Ja beantwortet? Sprechen Sie in diesem Fall zunächst mit den Erzieherinnen und Erziehern. Fragen Sie nach, ob ihnen Hänseleien gegenüber Ihrem Kind wiederholt und über einen längeren Zeitraum aufgefallen sind. Ist das der Fall, muss das Verhalten der Kinder in der Gruppe besprochen und sofort gestoppt werden. Da Kinder meist nicht mit böser Absicht handeln und ein anderes Kind nicht bewusst kränken oder verletzen wollen, sind solche Gruppengespräche meistens schon die Lösung des Problems.

Auch wenn sich die Situation schnell klärt, sollten Sie hinterfragen, wieso es dazu gekommen ist. Möglicherweise handelt es sich um ein zufälliges, einmaliges Vorkommen. Unter Umständen ermutigt das Verhalten Ihres Kindes aber auch die anderen, es als „Opfer" auszuerwählen. Ausgrenzung und Hänseleien sind ein ernst zu nehmendes Problem, bei dem Erwachsene nicht wegsehen dürfen. Je eher Kinder verstehen, dass sie andere damit kränken und viel Schaden anrichten können, desto besser.

Kinder, die ausgegrenzt werden, brauchen die Unterstützung von ihren Eltern und ErzieherInnen.

Wird Ihr Kind möglicherweise ausgegrenzt?	Ja	Nein
Kann Ihr Kind auf Nachfrage keine Namen von Freunden nennen?	☐	☐
Wird Ihr Kind nicht auf andere Kindergeburtstage eingeladen?	☐	☐
Hat Ihr Kind kein Interesse daran, sich nach dem Kindergarten, am Wochenende oder in den Ferien mit anderen zu treffen?	☐	☐
Geht Ihr Kind nicht gerne in den Kindergarten?	☐	☐
Erzählt Ihr Kind kaum etwas aus dem Kindergarten?	☐	☐
Wirkt Ihr Kind oft eingeschüchtert oder verängstigt?	☐	☐
Hat Ihr Kind eine „geduckte" Haltung, sieht auf den Boden, meidet Augenkontakt?	☐	☐
Ist Ihr Kind sehr schüchtern?	☐	☐
Ist Ihr Kind über einen längeren Zeitraum sehr anhänglich und weinerlich?	☐	☐
Will Ihr Kind nicht ohne eigenes Spielzeug (etwa ein Kuscheltier) in den Kindergarten?	☐	☐

Aktiv dem Missbrauch vorbeugen

■ Wenn Kinder nach und nach immer selbstständiger werden und mehr Zeit ohne ihre Eltern verbringen, birgt dies auch neue Risiken. Kontakt mit Gewalt, beschämende Erlebnisse oder sexuelle Übergriffe sind reale Bedrohungen, denen Kinder ausgesetzt sind. Absolute Sicherheit gibt es nicht, aber selbstbewusste und starke Kinder können sich besser schützen. Es lohnt sich daher, Kindern schon früh beizubringen, auf ihr Gefühl zu achten und sich klar abzugrenzen. Wichtig ist auch, ihnen Tipps zu geben, wie sie sich in bedrohlichen oder merkwürdigen Situationen richtig verhalten.

Wenn sich Kinder gegenüber einem Erwachsenen ablehnend zeigen, hat das oft einen Sinn. Sie machen damit klar, wer ihnen näher kommen darf

Küssen verboten

Halten Sie Ihr Kind auf keinen Fall dazu an, sich ungewollte Berührungen oder Küsse aus reiner Höflichkeit gefallen zu lassen. Dadurch lernt es, sich den Wünschen der Erwachsenen blind unterzuordnen. Das kann fatale Folgen haben. Im Falle eines Missbrauchs erkennen Kinder nicht mehr schnell genug, an welchem Punkt eine kritische Grenze überschritten wird. Sie verpassen schlichtweg den richtigen Zeitpunkt zum Neinsagen.

und wer nicht. Diese Signale sollten Sie ernst nehmen und Ihr Kind nicht vom Gegenteil überzeugen wollen. Kinder haben ein feines Gespür dafür, ob sie einem Erwachsenen vertrauen können. Diesem Gefühl sollten auch Sie immer nachgehen. Fragen Sie nach, kontrollieren Sie, sprechen Sie Ihr Kind immer wieder auf seine Empfindungen an. Ignorieren Sie es nicht, wenn Ihr Kind Angst, Unsicherheit oder Unbehagen äußert, sondern haken Sie konsequent nach, bis sich die Situation geklärt hat. Im Zweifelsfall sollten Sie auf Ihr Kind hören und den Kontakt zu dem Erwachsenen unterbinden.

Gute und schlechte Geheimnisse

■ Sprechen Sie mit Ihrem Kind über Geheimnisse und was es damit auf sich hat. Erklären Sie ihm, dass es schöne und unschöne Geheimnisse gibt. Schöne Geheimnisse werden früher oder später aufgedeckt und jemand freut sich darüber. Dazu gehören zum Beispiel Geburtstagsüberraschungen. Ein unschönes Geheimnis darf niemals verraten werden und ist für das Kind meistens nicht gut. Fragen Sie bei Unsicherheit nach, ob Ihr Kind (oder eines seiner Freunde) ein solches Geheimnis bewahrt, das es nicht verraten darf.

Um das Thema Sexualität sollten Sie generell kein Geheimnis machen. Kindergartenkinder wollen meist nur sporadisch etwas darüber wissen, zum Beispiel wenn sie ein Geschwisterkind erwarten. Drängen Sie Ihrem Kind kei-

Ich verspreche ...

Über diese Regeln zur Vorbeugung sexuellen Missbrauchs sollten Sie mit Ihrem Kind immer wieder reden:

- Wenn mich ein Erwachsener komisch anfasst, erzähle ich das sofort meinen Eltern, auch wenn es sich dabei um einen Verwandten oder Bekannten handelt.
- Wenn einer meiner Freunde so etwas erzählt, sage ich das ebenfalls meinen Eltern.
- Meine Eltern müssen immer wissen, wo ich bin oder wo ich hingehe. Zusammen mit Freunden sind die Wege sicherer.
- Ich gehe niemals mit einem Fremden, auch wenn er erzählt, meine Eltern hätten ihn geschickt. Ich nehme keine Geschenke von Fremden an. Ich sage laut und deutlich „Lassen Sie mich in Ruhe!"
- Ich trete nicht an fremde Fahrzeuge heran, um mit dem Autofahrer zu sprechen.
- Wenn ich mich verlaufen habe, wende ich mich an Polizisten, Mütter mit Kindern oder an Verkäufer in Geschäften.

ne Einzelheiten auf, wenn es sich dafür gar nicht interessiert, aber beantworten Sie seine Fragen. Wählen Sie eine klare, kindgerechte Sprache und einigen Sie sich in der Familie ebenfalls auf eine gemeinsame Bezeichnung der Geschlechtsteile. Wenn Sexualität ein ganz selbstverständlicher Bestandteil Ihres Lebens ist, wird auch Ihr Kind ein gutes Gefühl für seinen Körper entwickeln und keine Hemmungen haben, mit Ihnen über mögliche Vorkommnisse zu sprechen. <<<

Wenn Sie mit dem Thema Sexualität offen umgehen, kann Ihr Kind ein gutes Gefühl für seinen Körper entwickeln.

Entspannen und Kraft tanken

Innere Ruhe macht selbstbewusst

■ Kein Kind ist immer stark und selbstsicher. Ständig kommen Kinder in Situationen, in denen sie sich klein und schwach fühlen, vielleicht weil ihnen etwas misslingt oder manche Hürde unüberwindbar scheint, weil sie Angst bekommen oder müde werden. Dann sind Eltern ganz besonders gefordert. Als liebevolle und vertraute Instanz schaffen sie Freiräume und Ruheinseln, trösten und beruhigen oder bauen das zerstörte Selbstbewusstsein wieder auf. Zum Beispiel mit den untenstehenden „Ich-bin-stark!"-Sätzen, die in vielen Situationen helfen.

Ruhe finden in hektischen Zeiten

■ Starke Kinder brauchen Ruhephasen, besonders in hektischen Zeiten. Wenn es schon morgens schnell gehen

Satz	praktische Umsetzung
„Ich sage Ja zu mir!"	Helfen Sie Ihrem Kind zu erkennen, was es alles kann. Zeigen Sie ihm, dass Sie seine Leistungen schätzen. „Toll, mit welcher Ruhe und Geduld du mit deiner kleinen Schwester spielst."
„Ich weiß, was ich kann!"	Schaffen Sie Ihrem Kind Herausforderungen, an denen es wachsen kann. Die ersten Schwimmzüge, alleine auf dem Rad fahren oder der Bau eines Staudamms.
„Ich kann selbst etwas bewegen."	Zeigen Sie Ihrem Kind, dass es Einfluss hat und wie es seine Wünsche anpacken kann. Unterstützen Sie es, wenn es seine Pläne umsetzen will.
„Ich kann Nein sagen."	Etablieren Sie eine Streitkultur in der Familie und gestehen Sie jedem Mitglied eine eigene Meinung zu, ohne es dafür auszugrenzen.
„Ich kann das schon!"	Nehmen Sie Ihrem Kind nicht alles ab, sondern ermutigen Sie es, Dinge selbst zu tun. Es wird sich über das Gelingen umso mehr freuen.
„Ich bin verantwortlich für das, was ich tue."	Nehmen Sie Ihr Kind ernst und seien Sie konsequent. Wenn es beispielsweise unbedingt ein Haustier möchte, muss es sich auch darum kümmern.

Wer stark sein will, muss auch entspannen können

muss, weil Papas Chefin nicht wartet, wenn Mama nachmittags noch einen Arzttermin hat und die große Schwester bei einer Freundin abgeholt werden muss, dann stellt sich kaum Entspannung ein. Zeitmangel, Stress, Hektik und Unruhe sind in vielen Familien vollkommen normal. Oft arbeiten beide Eltern und hasten zwischen Job und Familie hin und her. Umso wichtiger, dass es immer wieder gelingt, ruhige Momente in den Alltag zu integrieren.

Entspannte und ruhige Kinder können sich besser konzentrieren und auf ihre Gefühle achten. Sie haben Zeit zu entscheiden, was sie wollen und was nicht – und wie sie es umsetzen möchten. Ständig unter Druck zu stehen und sich nach einem engen Zeitplan richten zu müssen, schadet auch dem Selbstbewusstsein.

Ruheinseln schaffen

Wenn mal wieder alle durcheinander reden, die Zeit drängt oder es einen Streit gab, sollten Sie gezielt gegensteuern. Versuchen Sie einen Freiraum von einer halben Stunde zu schaffen und bitten Sie die ganze Familie, bei einem beruhigenden Spiel mitzumachen.

- Öffnen Sie ein Fenster, am besten nicht zur Straße hin. Legen Sie sich nun alle bequem auf den Boden und lauschen Sie etwa eine Minute lang schweigend den Geräuschen drinnen und draußen. Setzen Sie Ihre Sinne ein und versuchen Sie, Töne und Gerüche zu erkennen. In einer Runde tauschen Sie sich anschließend darüber aus.
- Auch Fantasiereisen sind dazu geeignet, Unruhe und Hektik abzulegen und wieder zu sich selbst zu finden. Sie können beispielsweise die schönsten Erlebnisse des letzten Urlaubs nacherzählen. Ihr Kind soll versuchen, sich mit geschlossenen Augen in die jeweilige Situation hineinzuversetzen. Anschließend darf es sagen, was ihm selbst noch dazu eingefallen ist.

Diese Spiele machen Ihr Kind stark

Lenken Sie den Blick auf die Stärken Ihres Kindes.

■ Immer wenn Kinder sich mit ihren positiven Eigenschaften beschäftigen oder ein positives Feedback bekommen, wächst ihr Selbstbewusstsein ein bisschen. Am einfachsten gelingt dies im Alltag mit speziellen Spielen, bei denen es keine Verlierer, sondern nur Gewinner gibt.

Mein Name ist eine Geschichte

Dieses Spiel ist besonders gut für Vorschulkinder geeignet, die bereits ihren Vornamen schreiben können und sich schon langsam an Laute und Buchstaben herantrauen. Nehmen Sie für jedes mitspielende Kind ein buntes Papier. Schreiben Sie nun die einzelnen Buchstaben des Vornamens untereinander auf das Papier, sodass hinter jedem Buchstaben noch Platz ist. Nun sollen

die Kinder positive Eigenschaften nennen, die mit dem jeweiligen Buchstaben beginnen. Diese werden dann mit bunten Stiften hinter den Buchstaben geschrieben oder gemalt. Alle Wörter zusammen ergeben ein persönliches Namensbild für das jeweilige Kind.

Wenn ich groß bin, werde ich …

… Ponyhofbesitzer! Bei diesem Spiel überlegt sich jeder Mitspieler, was er unbedingt haben oder machen möchte, wenn er groß ist: vielleicht eine Eisdiele eröffnen oder eine Gondelstation in den Alpen führen? Nun soll jeder von seinem Traum erzählen und ihn so gut es geht ausschmücken – dabei können auch die Erwachsenen mitmachen. Vielleicht können die Ponys fliegen, die Eiskugeln so groß wie Melonen sein oder die Gondeln aus echtem Gold bestehen. Wenn alle von ihrer Idee erzählt haben, wird abgestimmt. Welche Fantasiewelt war so toll, dass jeder gerne hin möchte? Der beste Erzähler bekommt dann einen dicken Applaus.

Mein Körper – mein Bild

Holen Sie die Tapetenreste der letzten Renovierung aus dem Keller und machen Sie damit ein tolles Selbsterfahrungsspiel. Rollen Sie die Tapete aus, sodass sich Ihr Kind darauf legen kann. Zeichnen Sie nun den Körperumriss mit einem dicken Filzstift nach. Nun haben Sie eine gute Grundlage, um über die Gefühle und Interessen Ihres Kindes zu sprechen. Markieren Sie die einzelnen Körperteile und sprechen Sie über die folgenden Fragen:

P = pfiffig
A = ausgelassen
U = ulkig
L = lieb
A =

Kopf – Was geht dir durch den Kopf?

Ohr – Was kannst du gar nicht hören?
Wie heißt dein Lieblingslied?

Nase – Was riechst du gerne, was nicht?

Mund – Was möchtest du sagen? Was flüsterst du ganz leise, was schreist du laut heraus?

Hals – Wovon bekommst du einen dicken Hals, was ärgert dich?

Magen – Was liegt dir schwer im Magen, welche Sorgen hast du?

Herz – Für wen schlägt dein Herz, wen magst du besonders gerne?

Füße – Worauf stehst du, was gefällt dir besonders gut? Wohin würdest du jetzt gerne laufen?

Die Antworten können Sie zusammen direkt auf die Tapete schreiben. Natürlich kann Ihr Kind die Figur auch anmalen, wenn es möchte. **<<<**

Bewegung baut Stress ab

Immer mehr Kinder bewegen sich zu wenig. Das ist nicht nur für die körperliche Entwicklung schlecht, sondern führt auch zu Unruhe und Konzentrationsproblemen. Bewegungsspiele für draußen und drinnen sind eine gute Möglichkeit, dem Bewegungsmangel entgegenzuwirken.

- Stellen Sie ein kleines Trampolin ins Kinderzimmer und befestigen Sie eine Strickleiter am Bett.
- Auf einer Bodenmatratze können Kinder gefahrlos Purzelbäume schlagen und Handstand üben.
- Spielen Sie im Sommer in der Sonne „Schattenfangen". Jeder versucht den Schatten des anderen mit dem Fuß zu erwischen.

Nutzen Sie jede Gelegenheit, sich mit Ihrem Kind zu bewegen, am besten an der frischen Luft, denn ausgeglichene Kinder haben mehr Spaß und sind zufriedener. Spielen Sie beim Laufen „Ich sehe was, was du nicht siehst" oder erfinden Sie Geschichten zu den Verzierungen der Hausfassaden. So lernt Ihr Kind seine Umgebung immer besser kennen, ist in engem Kontakt mit Ihnen und hat außerdem genügend Bewegung.

Bewegungsmuffel müssen keine bleiben – mit Spiel und Spaß motivieren Sie Ihr Kind aktiv zu werden.

Stark für die Schule

So gelingt der Start in einen neuen Lebensabschnitt

■ Die meisten Kindergartenkinder warten sehnsüchtig auf ihre Einschulung und können es kaum abwarten, am ersten Schultag ihre Schultüte in den Händen zu halten und ihren Ranzen aufzusetzen. Gleichzeitig sind sie aber auch verunsichert, denn bisher kennen sie den Schulalltag nur aus Erzählungen. Sie wissen, dass sie nun lesen, rechnen und schreiben lernen, pünktlich aufstehen müssen und eine Lehrerin bekommen. Doch werden sie diesen neuen Aufgaben auch gerecht? Kein Wunder, wenn weniger selbstbewussten Kindern allein bei der Vorstellung mulmig wird.

Mit dem Schuleintritt wird die Selbstständigkeit auf die Probe gestellt. Unterstützen Sie Ihr Kind dabei.

Ein neuer Lebensabschnitt beginnt

■ Mit dem Eintritt ins schulpflichtige Alter wird den Kindern noch mehr Selbstständigkeit abverlangt. Der Wechsel vom Kindergarten in die Grundschule ist für alle Erstklässler ein großer Einschnitt und trotz sorgfältiger Vorbereitung sind die zahlreichen Anforderungen nicht leicht zu verkraften. Dabei sind die intellektuellen Herausforderungen für die meisten Schulkinder gut zu bewältigen. Schwieriger ist es für viele, ihre gewohnte Umgebung zu verlieren, einen geregelten Stundenplan einzuhalten, jeden Tag pünktlich aufzustehen oder ihre eigenen Wünsche und Interessen hinter denen der Klasse zurückzustellen. Hinzu kommen oft noch die hohen Erwartungen der Eltern, die kein Kind enttäuschen möchte. Das können am Anfang ganz schön viele Herausforderungen auf einmal sein.

Gemeinsam den Übergang bewältigen

■ Schüchterne, unsichere und unselbstständige Kinder haben es in dieser Situation besonders schwer. Sie leiden oft still und trauen sich kaum, ihre Ängste und Sorgen auszusprechen. Manche möchten morgens gar nicht mehr aus dem Haus gehen und weinen

Eine gute Vorbereitung macht Kinder sicher für den Schulstart

So unterstützen Sie Ihr Kind, den Schuleintritt gut zu meistern

- Sprechen Sie über die Befürchtungen Ihres Kindes und beantworten Sie alle Fragen möglichst ehrlich und positiv.
- Üben Sie das pünktliche Aufstehen schon ein paar Wochen vor dem Schulbeginn.
- Vermeiden Sie Aussagen wie: „Jetzt beginnt der Ernst des Lebens" und drohen Sie niemals mit der Schule.
- Übertragen Sie Ihrem Kind kleine Aufgaben im Haushalt, die ihm vermitteln, dass es ein wichtiges Familienmitglied ist.
- Sorgen Sie regelmäßig für Kontakte zu Freunden, auch außerhalb der Kindergartenzeiten.
- Zeigen Sie Ihrem Kind im Alltag, welche Vorteile Lesen, Rechnen und Schreiben bieten.
- Geben Sie Ihrem Kind einen Talisman mit in den Kindergarten, der ihm dann auch in der Schule Kraft geben kann.
- Lassen Sie Ihr Kind viel von seinen täglichen Erfahrungen erzählen.
- Nutzen Sie das abendliche Gutenachtsagen, um Ihrem Kind die schönen Momente des Tages in Erinnerung zu rufen.
- Loben Sie Ihr Kind zu Beginn seiner Schulzeit, sooft es sich ergibt, denn jeder Tag ist für es eine Herausforderung.

beim Abschied. Da ist viel Einfühlungsvermögen von Eltern und Lehrern gefragt. Je stärker und selbstbewusster ein Kind ist, desto besser kann es mit der neuen Situation umgehen. Selbstständigkeit und Selbstbewusstsein können Sie schon lange Zeit vor der Einschulung aufbauen.

Herausfordern statt ängstigen

■ Es ist ganz entscheidend, mit welcher Haltung Ihr Kind seine Schulzeit beginnt. Fühlt es sich als wissbegieriges Kind, das den Kindergartenschuhen nun entwachsen ist? Platzt es vor Neugier darauf, was die Schule ihm zu bieten hat? Freut es sich auf neue Freunde und interessante Aufgaben? Sieht es den Unterricht als Chance, etwas Spannendes zu erfahren? Dann stehen die Chancen gut, dass der Übergang in die neue Lebensphase gut gelingt.

Je besser ein Schulanfänger vorbereitet ist, desto leichter fällt ihm die Umstellung. Entscheidend ist, ob es Ihnen gelingt, Ihrem Kind Lust auf die Schule zu machen, ohne ein falsches Bild von ihr zu zeichnen. Eine positive Einstellung hilft Ihrem Kind, die ersten Tage und Wochen besser zu überstehen. Dabei sind kleine Fehlschläge normal. Manchmal vergisst ein Schulkind vielleicht die Hausaufgaben, hat seine Malsachen nicht dabei oder das Sportzeug nicht eingepackt. Mit der Zeit spielt sich aber auch der Schulalltag ein und Ihr Kind wird routinierter. <<<

Geben Sie Ihrem Kind Zeit, sich an den neuen Lebensabschnitt zu gewöhnen.

Auch Eltern machen Fehler

Das eigene Verhalten kritisch hinterfragen

■ Ganz bestimmt will der überwiegende Teil der Eltern dem eigenen Nachwuchs eine glückliche Kindheit bereiten, um ihn irgendwann stark und selbstbewusst ins Leben zu entlassen. So wird das Abenteuer Erziehung voller Elan, Verantwortungsbewusstsein und Liebe angepackt – aber auch mit hohen Erwartungen.

Doch Eltern müssen neben der Erziehung ihrer Kinder noch viele andere Aufgaben bewältigen. Da bleibt es nicht aus, dass auch mal die Nerven blank liegen und der Geduldsfaden reißt. Das ist normal und kommt in jeder Familie vor. Ungeduldig zu werden, ein Kind auch mal ungerecht zu behandeln, zu wenig Zeit für die Bedürfnisse des Kindes zu haben, ein Versprechen zu brechen oder den Nachwuchs aus Verzweiflung einen Nachmittag vor dem Fernseher zu „parken", ist wohl keiner Mutter und keinem Vater fremd. Doch solche Reaktionen, so nachvollziehbar sie auch sind, sollten die Ausnahme bilden.

Diese Fehler sollten Sie vermeiden

1. Ironie und Sarkasmus ist für Kinder im Kindergartenalter noch nicht zu verstehen. Unterlassen Sie abwertende, herablassende und negative Bemerkungen über Ihr Kind.

„Jetzt hast du noch ein T-Shirt verkleckert, das hast du ja mal wieder ganz toll hinbekommen."

2. Legen Sie Ihr Kind nicht auf bestimmte Verhaltensweisen fest, denn damit blockieren Sie unter Umständen seine Entwicklung.

„Du bist aber auch immer so was von ungeschickt – dauernd machst du etwas kaputt."

Gemeinsam verbrachte Zeit stärkt die Familienbande

3. Unterlassen Sie einseitige und übertriebene Verallgemeinerungen, weil Ihr Kind so keinen Anreiz verspürt, sein Verhalten zu ändern.
„Nie putzt du dir die Zähne richtig", „Immer muss ich hinter dir herräumen", „Dauernd unterbrichst du mich beim Lesen."

4. Stellen Sie an Ihr Kind keine Forderungen, die es gar nicht erfüllen kann.
„Ich wünschte mir, du könntest alleine aufstehen und dir dein Frühstück machen. Dann könnte ich endlich mal wieder ausschlafen."

5. Nehmen Sie mögliche Unfälle oder Missgeschicke nicht ständig vorweg.

Solche Warnungen verunsichern Ihr Kind und machen es ängstlich.
„Achtung, da vorne ist eine Stufe nicht stolpern!", „Pass auf, das Glas könnte umfallen!", „Vorsicht, gleich landet der Ball im Nachbargarten."

6. Vergleichen Sie Ihr Kind niemals mit anderen, weder mit Geschwistern noch mit Freunden. Solche Vergleiche machen traurig und beeinträchtigen das Selbstwertgefühl.
„Dein kleiner Bruder kann das schon besser als du", „Deine Freundin Lara ist nie so frech", „Dein Cousin Tino konnte seinen Namen schon mit drei Jahren schreiben."

Kommunikation ist ein Schlüssel zu unserem Kind. Achten Sie deshalb immer wieder auf eine wertschätzende Sprache.

7. Vermeiden Sie unsinnige Strafen, denn Ihr Kind lernt daraus nichts. Nutzen Sie lieber logische Konsequenzen, die Ihrem Kind verdeutlichen, was es falsch gemacht hat.

„Es ist nicht in Ordnung, dass du die Schokolade aus dem Schrank genommen und vor dem Mittagessen gegessen hast ...“ *Falsche Reaktion:* „... jetzt darfst du deinen Freund heute nicht besuchen.“ *Besser:* „... jetzt gibt es heute keine Süßigkeiten mehr.“

8. Strafen oder drohen Sie niemals mit Liebesentzug. Die Angst vor dem Verlust der elterlichen Liebe verunsichert Kinder zutiefst und gleicht einer emotionalen Erpressung.

„Wenn du heute nicht ohne Jammern ins Bett gehst, habe ich dich nicht mehr lieb.“

Ich kann nicht schlaaaafen!

9. Geben Sie Ihrem Kind keine widersprüchlichen Botschaften. Es weiß dann nicht, was von ihm erwartet wird und ist verunsichert.

„Du kannst mir wirklich alles erzählen. Ich bin nicht WÜTEND!“

10. Flößen Sie Ihrem Kind keine Angst ein, nur damit es Ihren Aufforderungen nachkommt. Sie zerstören damit auf Dauer das Vertrauensverhältnis und das Selbstbewusstsein Ihres Kindes.

„Wenn du jetzt nicht sofort damit aufhörst, nehme ich dir dein Kuscheltier endgültig weg.“

Eltern sind auch nur Menschen

■ Liebevolle und aufgeschlossene Eltern wissen, wann sie Fehler machen und können ihr Verhalten selbstkritisch und mit Humor akzeptieren. Sie können über sich und mit ihrem Kind lachen, auch über die eigenen Fehler. Kleine Alltagssünden sind so auch nicht gleich pädagogische Niederlagen. Solche Ausrutscher berauben sie weder ihrer Glaubwürdigkeit, noch ihrer natürlichen Autorität. Doch es gibt auch Verhaltensweisen, die Kindern nachhaltig schaden können, weil sie ihr Selbstwertgefühl stören und ihnen das Vertrauen in ihre Fähigkeiten nehmen. Diese Erziehungsmuster sollten sich alle Eltern verdeutlichen und ganz bewusst vermeiden, weil sie ihren Kindern auf Dauer damit Schaden zufügen und das zarte Pflänzchen Selbstbewusstsein nachhaltig am Wachsen hindern. **<<<**

Bücher für Kinder

Manchmal fällt es Kindern schwer, ihre Gedanken und Gefühle in Worte zu fassen. Bilder und Geschichten können ein guter Gesprächseinstieg sein. Hier finden Sie eine Auswahl an kindgerechten Büchern zum Thema Selbstbewusstsein.

■ **Antje Thasler (Hrsg.)**

Mäuseangst und Monstermut
Geschichten für kleine Helden
cbj 2011

Mutig sein ist gar nicht schwer! Beliebte Kinderbuchautoren greifen in lustigen, spannenden und einfühlsamen Mutmach-Geschichten die Sorgen und Ängste von Kindern auf und zeigen, dass Mut richtig gut tut. Etwa wenn Jannick mit seinem Zauberschwert den bösen Kellerdrachen besiegt oder Marie endlich frei schwimmt. (auch als Hörbuch erhältlich) *ab 6 Jahren*

■ **Susa Apenrade und Miriam Cordes**

Ich bin stark, ich sag laut Nein!
So werden Kinder selbstbewusst
Arena 2008

In diesem liebevoll geschriebenen und gezeichneten Buch geht es um das Neinsagen. Das kleine Mädchen Lea findet sich in insgesamt sechs unangenehmen Situationen wieder – etwa mit einer Nachbarin, die Lea immer drücken will, oder einer fremden Mutter, die Lea zum Spielen mitnehmen möchte. Mit Entscheidungsfragen an die Leser wird das richtige Verhalten eingeübt. (auch als Hörbuch erhältlich) *ab 4 Jahren*

■ **Petra Mönter, Barbara Korthues**

Küssen nicht erlaubt
KeRLE 2011

Lena ist genervt, alle wollen sie ständig knuddeln, drücken und küssen: die Tante, der Onkel, die Oma, der Opa und sogar die Nachbarin. Von der ganzen Küsserei bekommt sie manchmal sogar Albträume. Das Mädchen fragt sich, ob sie sich das wirklich gefallen lassen muss und hat eine fantastische Idee. Ein fröhliches Buch, das hilft, Nein zu sagen, und Kinder stark macht. *ab 5 Jahren*

■ **Ulrike Petermann**

Die Kapitän-Nemo-Geschichten
Geschichten gegen Angst und Stress
Verlag Herder 2011

Der Klassiker unter den Fantasiereisen für Kinder. Unter dem Schutz des erfahrenen Kapitäns Nemo in seinem Unterwasserboot Nautilus begeben sich die Kinder in diesen Geschichten auf eine entspannende Reise über und unter Wasser. Alle Geschichten haben das Ziel, dass die Kinder ruhig werden, sich wohlfühlen, weniger Angst haben und sich besser konzentrieren können. So gewinnen Kinder Mut und Selbstvertrauen. *ab 5 Jahren*

■ **CD WISSEN Junior**

Groß und mutig, das bin ich!
Geschichten, die Kinder stark und selbstbewusst machen
audio media verlag 2010

Fantasievolle Geschichten machen Mut, die kleinen und großen Herausforderungen des Alltags zu meistern. Auf drei CDs finden Kinder Erzählungen, die ihr Selbstbewusstsein stärken, ihnen Trost spenden oder beim Einschlafen helfen. Mit der Stimme von Michael Schanze und Musik von Rolf Zuckowski. *ab 4 Jahren*

■ **Anne-Kathrin Behl**

Eins und vier macht stark
Picus 2009

Ein Bär, der sich vor dem Winterschlaf fürchtet, ein Eichhörnchen mit Höhenangst und ein Biber, der das Wasser scheut? Klingt das nicht sehr eigenartig? Nein, denn auch Tiere haben Ängste, wie dieses liebevoll illustrierte Buch zeigt. Es verdeutlicht aber auch, dass mit der Hilfe von guten Freunden alles nur halb so schlimm ist: Plötzlich ist keiner mehr alleine und keiner muss sich mehr schämen, weil alle Leidensgenossen ähnliche Sorgen teilen. Die Geschichte bietet einen guten Anlass, über die eigenen Gefühle zu sprechen. *ab 4 Jahren*

■ **Dagmar Geisler**

Ich geh doch nicht mit jedem mit!

Loewe 2011

Dieses Buch vermittelt Kindern in einer humorvollen Weise, dass sie niemals mit unbekannten Personen mitgehen dürfen. Die Geschichte bietet eine gute Grundlage, um gemeinsam ernsthaft über das Thema zu sprechen. Der Satz „Ich geh doch nicht mit jedem mit!" wird ausprobiert und eingeübt, sodass er in einer realen Situation leichter über die Lippen geht. *ab 3 Jahren*

■ **Edith Schreiber-Wicke, Carola Holland**

Der Neinrich

Thienemann 2008

Leo findet es immer ganz furchtbar, wenn seine Tante ihm einen Kuss verpassen möchte. Muss er sich das etwa gefallen lassen? Der Neinrich sagt Nein. Und er erzählt Leo von vielen anderen Gelegenheiten, bei denen ein klares Nein sogar sehr wichtig ist ... Zum Anschauen und Anhören: Auf der DVD gibt es die ausdrucksstarken Illustrationen noch mal als Bilderbuch-Kino. *ab 4 Jahren*

■ **Angelika Bartram, Jan-Uwe Rogge**

Kleine Helden – großer Mut

Geschichten, die stark machen

Rowohlt Taschenbuch 2006

Die Prinzessin Schlotterlinchen ist so ängstlich, dass sie ständig zittert. Der König sucht im ganzen Land nach einem Helden, der seiner Tochter helfen kann. Dem berühmten Jau-Jau gelingt es durch seine Geschichten, dem Mädchen Mut zu machen. Ein Buch, das auch Jungen mögen. (auch als Hörbuch erhältlich) *ab 4 Jahren*

Bücher für Erwachsene

■ **Freya Pausewang**

Macht mich stark für meine Zukunft!

Wie Eltern und Erzieher die Kinder in der frühen Kindheit stärken können

oekom Verlag 2012

Wie können Kinder für die Herausforderungen gestärkt werden, die in unserer globalen Gesellschaft auf sie zukommen? Das Buch zeigt Eltern und Pädagogen Wege auf, wie Kinder in ihren ersten Lebensjahren unterstützt werden können, um auch zukünftig möglichst lernstark zu bleiben, Herausforderungen nicht zu scheuen und sich in Gemeinschaften verantwortlich einzubringen.

■ **Paula Honkanen-Schoberth**

Starke Kinder brauchen starke Eltern

Der Elternkurs des Deutschen Kinderschutzbundes

Kreuz Verlag 2012

Alle Eltern wollen gute Eltern sein. Sie wollen das Selbstbewusstsein ihres Kindes stärken, richtig auf Probleme eingehen und bei Konflikten eine Lösung finden, die für alle Beteiligten gut ist. Und alles natürlich ohne Brüllerei oder gar Gewalt. Aber wie geht das? In diesem Kurs des Deutschen Kinderschutzbundes lernen Eltern, dass das gar nicht so schwierig ist.

■ **Doris Schüler**

Schüchterne Kinder stärken

Wie sie Ängste überwinden, ihre Gaben entdecken und die Persönlichkeit entfalten

amondis 2011

Die Autorin, Umweltingenieurin und psychologische Beraterin, hat das Thema Schüchternheit aufgegriffen, weil eines ihrer eigenen Kinder davon betroffen war. Anhand verschiedener Ansätze, etwa aus dem lösungsorientierten Coaching oder der systemischen Familienberatung, untersucht und erklärt sie das Phänomen. Viele Beispiele verdeutlichen die Problematik und zeigen Lösungswege auf.

■ **Klaus Hurrelmann, Gerlinde Unverzagt**

Kinder stark machen für das Leben

Herzenswärme, Freiräume und klare Regeln

Verlag Herder 2008

Herzenswärme, Freiräume, klare Regeln: drei Eckpfeiler einer guten, sicheren Erziehung, die der bekannte Pädagogikprofessor Klaus Hurrelmann allen Eltern als »magisches Dreieck« ans Herz legt. So wird Erziehung übersichtlich und Kinder gewinnen Selbstsicherheit und Selbstständigkeit. Lebensnah und ermutigend geschrieben.

Zum Weiterlesen

■ **Sabine Seyffert, Monica May-Vetter**

Kleine Mädchen, starke Mädchen

Spiele und Phantasiereisen, die mutig und selbstbewusst machen

Kösel 2008

Dieses Buch richtet sich an Erwachsene, die speziell Mädchen dabei helfen wollen, stärker und selbstbewusster zu werden. Mit einer Vielzahl von Übungen, Spielen und Fantasiereisen können leicht umsetzbare Situationen geschaffen werden, die dieses Ziel verfolgen. In den einzelnen Kapiteln geht es um den eigenen Körper und die Gefühlswelt. Mit ein wenig Fantasie können die Geschichten auch für Jungen eingesetzt werden, die ihr Selbstbewusstsein steigern wollen.

■ **Katharina Zimmer**

Widerstandsfähig und selbstbewusst

Kinder stark machen fürs Leben

dtv 2005

Die Autorin plädiert in ihrem Ratgeber für ein Vertrauen- und Stärkemodell, das Kindern dabei hilft, ihre Fähigkeiten und Begabungen zu entdecken und zu entwickeln. Mit Empathie und Liebe sollen Eltern ihre Kinder darin unterstützen, sich zu einem glücklichen und authentischen Menschen zu entwickeln. So lernen sie, ihren eigenen Weg stark und selbstbewusst zu beschreiten.

Informations- und Beratungsmöglichkeiten

■ **Bundeskonferenz für Erziehungsberatung e.V.**
Herrnstraße 53, 90763 Fürth
Tel.: 0911/9 77 14 - 0
E-Mail: bke@bke.de
www.bke.de

Hier können Sie bundesweit nach Erziehungs- und Familienberatungsstellen in Ihrer Nähe suchen. Mit kostenloser Online-Beratung.

■ **Deutscher Kinderschutzbund Bundesverband e.V.**
Bundesgeschäftsstelle
Schöneberger Straße 15,
10963 Berlin
Tel.: 030/214 809 - 0
E-Mail: info@dksb.de
www.dksb.de

Der Verein bietet unter anderem die Elternkurse „Starke Eltern – Starke Kinder" an.

■ **Deutsche Liga für das Kind in Familie und Gesellschaft e.V.**
Charlottenstr. 65, 10117 Berlin
Tel.: 030/28 59 99 70
E-Mail: post@liga-kind.de
www.liga-kind.de

Ein Angebot ist das Präventionsprogramm „Kindergarten Plus", das Eltern und Erzieher befähigen möchte, die kindliche Persönlichkeit zu stärken.

■ **Deutsche Gesellschaft für Prävention und Intervention bei Kindesmisshandlung und -vernachlässigung e.V.**
Geschäftsstelle
Sternstraße 58, 40479 Düsseldorf
Tel.: 0211/4976 80 0
E-Mail: info@dgfpi.de
www.dgfpi.de

Auf dieser Seite finden Eltern Hilfsangebote, die auf sexuellen Missbrauch von Kindern spezialisiert sind.

■ **Mütterzentren Bundesverband e.V.**
Müggenkampstraße 30a, 20257 Hamburg
Tel.: 040/40 17 06 06
E-Mail: info@muetterzentren-bv.de
www.muetterzentren-bv.de

400 Mütterzentren unterstützen bundesweit Familien und bieten Beratung und Betreuung. Alle Adressen finden Sie hier.

■ **Staatsinstitut für Frühpädagogik**
Eckbau Nord
Winzererstraße 9
80797 München
Tel.: 089/9982519 00
E-Mail: mail@familienhandbuch.de
www.familienhandbuch.de

Das Online-Familienhandbuch gibt qualifizierte Antworten auf alltägliche, aber auch besondere Erziehungsfragen. Das Angebot für Eltern ist kostenlos.

Die Autorin

Uta Reimann-Höhn
ist Diplompädagogin, Lerntherapeutin und Autorin
zahlreicher Lernmaterialien und Bücher.
www.lernfoerderung.de

Impressum

»Stark – na klar!« ist ein
Sonderprodukt der Zeitschrift *mobile* und des Internetauftritts
www.mobile-elternmagazin.de.

Alle Rechte vorbehalten – Printed in Germany
© Verlag Herder Freiburg im Breisgau 2012
www.herder.de

Titelfoto: Heidi Velten, Leutkirch-Ausnang
Fotos Innenteil:
Seite 4: John Prescott/ iStockphoto
Seite 6: Ulrich Niehoff, Bienenbüttel
Seite 11: Getty Images
Seite 13: Heidi Velten, Leutkirch-Ausnang
Seite 16: Getty Images
Seite 19: Corbis
Seite 20: Beata Becla/ iStockphoto
Seite 27: Getty Images
Seite 29: Ute Grabowsky/ Photothek
Seite 30: Heidi Velten, Leutkirch-Ausnang
Seite 33: Cultura/ Avenue Images
Seite 38: Maya, Enjoy, Oredia/ Kids Images
Seite 47: Getty Images
Seite 53: Heidi Velten, Leutkirch-Ausnang
Seite 56: jumpfoto
Seite 59: Corbis

Illustrationen: Eva Czerwenka
Layoutkonzept: Büro MAGENTA, Freiburg
Satz und Layout: Arnold & Domnick, Leipzig
Druck und Bindung:
fgb · freiburger graphische betriebe, www.fgb.de
Gedruckt auf chlorfrei gebleichtem Papier

ISBN: 978-3-451-00645-6